C.H.BECK ■ WISSEN

in der Beck'schen Reihe

W0194229

Die Hunnen gehörten zu den Reiternomaden der eurasischen Graslandzone. Die Erforschung der Anfänge ihrer Geschichte stößt bis heute auf manche Rätsel; selbst ihre Sprache läßt sich nicht mit letzter Sicherheit bekannten Sprachgruppen zuordnen. Seit dem 3. Jahrhundert v. Chr. dringen kriegerische Gruppen unter diesem Namen nach Süden und Westen vor und geraten in Kontakt und Konflikt mit den Hochkulturen der Alten Welt – beispielsweise in China, Zentralasien und Nordwestindien –, wo sie unterschiedlich dauerhafte Machtbildungen hervorbringen. Im ausgehenden 4. Jahrhundert n. Chr. tauchen Hunnen schließlich auch im nördlichen Schwarzmeer- und im Donauraum auf und kommen damit erstmals in das Blickfeld von Autoren des spätantiken Römerreiches, die in ihnen geradezu apokalyptische Vorboten des nahenden Weltuntergangs zu erkennen glauben. Verschiedentlich gelingt es, hunnische Verbände in römische Dienste zu übernehmen und ihre Anführer in die militärische Struktur des Reiches einzubinden, doch bleiben die Beziehungen zu den Römern bis zuletzt prekär. Unter ihrem berühmten König Attila stellen die Hunnen für einige Jahre eine ernste Gefahr für die spätantike Mittelmeerwelt dar. Die Auseinandersetzung mit ihnen mündet in die Schlacht auf den Katalaunischen Feldern 451 n. Chr., einem epochalen Kräftemessen, das sich tief in das kollektive Gedächtnis Europas eingeprägt hat.

Timo Stickler lehrt Alte Geschichte an der Heinrich-Heine-Universität Düsseldorf. Seine Arbeitsschwerpunkte liegen im Bereich der Geschichte des klassischen Griechenlands, der frühen Kaiserzeit und insbesondere der Spätantike. Im Verlag C. H. Beck ist von demselben Autor lieferbar: *Aetius. Gestaltungsspielräume eines Heermeisters im ausgehenden weströmischen Reich* (Vestigia 54, 2002).

Timo Stickler

DIE HUNNEN

Verlag C. H. Beck

Mit 11 Abbildungen und 3 Karten

Originalausgabe
© Verlag C. H. Beck oHG, München 2007
Gesamtherstellung: Druckerei C. H. Beck, Nördlingen
Umschlagabbildung: Mittelalterliche Zeichnung
eines reiternomadischen Kriegers
Umschlagentwurf: Uwe Göbel, München
Printed in Germany
ISBN 978 3 406 53633 5

www.beck.de

Inhalt

Einleitung:
Die Zeichen der Zeit

Im Jahre 434 n. Chr. herrschte eine angespannte Lage an der oströmischen Donaugrenze. Der Hunnenkönig Ruga hatte seine Scharen am nördlichen Ufer des Flusses versammelt und stand nun in Verhandlungen mit den Bevollmächtigten des Kaisers. In den langwierigen Beratungen, die sich über Wochen hinzogen, ging es um die Verfügung über Geld und über Menschen. Zwölf Jahre zuvor hatte Ruga in einer ähnlichen Situation 350 Pfund Gold an jährlichen Subsidien (Unterstützungsleistungen) für die von ihm angeführte Kriegergruppe erpreßt. Ohne eine signifikante Erhöhung dieses Betrags würde der Frieden dieses Mal sicher nicht zu haben sein. Eine bewaffnete Eskalation schien unmittelbar bevorzustehen.

Da löste sich die bedrohliche Situation an der Nordgrenze des Reiches mit einem Schlage sozusagen in nichts auf: Ruga war offenbar plötzlich gestorben. In Konstantinopel erzählte man sich gar, ein Blitzschlag habe ihn niedergestreckt – doch das kann auch nur ein Hinweis darauf sein, wie unverhofft den Menschen in der östlichen Reichshauptstadt die Rettung aus der eben noch unausweichlich erscheinenden Gefahr vorgekommen sein mag. Der Patriarch Proklos jedenfalls frohlockte und bemühte bei seinen Predigten in diesen Tagen eindrucksvolle alttestamentliche Bilder, um das Geschehene begreiflich zu machen: «Menschensohn, richte dein Angesicht wider Gog im Lande Magog, den Fürsten von Rosch, Meschech und Tubal, und weissage wider ihn und sprich: ‹So spricht der Herr Jahwe: Siehe, nun komme ich über dich, Gog, Fürst von Rosch, Meschech und Tubal! […] Fürwahr, zu jener Zeit, da mein Volk Israel in Sicherheit wohnt, wirst du aufbrechen und von deinem Wohnsitz aus dem äußersten Norden herkommen, du und viele Völker mit dir, alle hoch zu Roß, ein großes Aufgebot und ein zahlreiches Heer.›» (Ezechiel 38,2 f. u. 14 f.) Spiegelte sich im biblischen Rosch nicht der aktuelle Ruga wider? Und paßte nicht das ganze Geschehen an der Donau ohnehin in eine Zeit, die nach Meinung vieler christlicher Beobachter apokalyptische Züge aufwies? Die Worte der *Geheimen Offenbarung* des Johannes schienen sich nun zu bewahrheiten: «Wenn aber die tausend Jahre vorüber sind, wird der Satan aus seinem Kerker wieder losgelassen werden. Dann wird er sich aufmachen, um die Völker an den vier Enden der Erde, Gog und Magog, zu verführen und sie zum Kampfe zu versammeln. Ihre Schar ist zahllos wie der Sand am Meer. Sie ziehen über die weite Welt hin und umzingeln das Lager der Heiligen und die geliebte Stadt. Aber Feuer fällt vom Himmel und verzehrt sie. Der Teufel, der sie verführte, wird in den Feuer- und Schwefelpfuhl geworfen, wo auch das Tier und der falsche Prophet sind, und sie werden Tag und Nacht in alle Ewigkeit gepeinigt werden.» (*Offb* 20,7–10) Nein, es gab keinen Zweifel, die Endzeit war angebrochen, und Ruga und seine Hunnen waren das untrügliche Zeichen dafür.

Daß man das plötzliche und schreckenerregende, dann aber doch wieder ganz und gar ephemere Auftreten der Hunnen schon in der Spätantike mit Bildern zu fassen versucht hat, die dem Bereich der apokalyptischen Literatur entstammen, ist für deren Nachleben in der europäischen Geistesgeschichte von großer, wenn nicht entscheidender Bedeutung gewesen. Die Scharen von Rugas Nachfolger Attila waren eben nicht ein vorübergehendes Phänomen, das man, nachdem es erst einmal überstanden war, getrost dem Vergessen anheimfallen lassen konnte. Schon dem Zeitgenossen Papst Leo dem Großen (440 bis 461 n. Chr.) schien der wohl berühmteste Hunnenkönig vielmehr ein *flagellum Dei* zu sein (vgl. Leo der Große, *Epistulae* 113,1 Migne). Aus christlicher Perspektive vermochte er in dessen Wirken die «Geißel» zu erkennen, mit deren Hilfe der zornige Gott sein heilsvergessenes Volk auf den Pfad der Tugend und der Gottesfurcht zurücklenken wollte. Isidor von Sevilla stieß fast 175 Jahre später in dasselbe Horn, als er die Hunnen als *virga furoris Dei*, als «Zuchtrute» des Herrn für die sündige Christenheit bezeichnete (Isidor von Sevilla, *Historia Gothorum* 29).

Der mit apokalyptischen Assoziationen aufgeladene, von der bloßen Ereignisgeschichte zunehmend abgelöste Charakter des Geschehens hat es späteren Generationen erlaubt, «die Hunnen» immer wieder als Projektionsfläche aktueller Ängste und Aggressionen zu benutzen. So konnten noch in den Weltkriegen des 20. Jahrhunderts die deutschen Soldaten pauschal als mordlüsterne und gar kinderfressende «Hunnen» perhorresziert werden. Nach der Abwehrschlacht vor Paris im September 1914 dachte man im französischen Generalstab für kurze Zeit ernsthaft daran, die siegreich überstandene Auseinandersetzung in Erinnerung an die Begebenheiten vom Juni 451 als «erneute Schlacht auf den Katalaunischen Feldern» zu bezeichnen. Man entschied sich dann aber doch für die in die Geschichtsbücher eingegangene prosaischere Benennung – die Schlacht an der Marne.

Die hier nur angedeutete Wirkungsgeschichte war einer historisch angemessenen Erfassung des Gegenstands, dem dieses kleine Buch gewidmet ist, nicht immer förderlich. Hinter den negativen Assoziationen, die «die Hunnen» durch die Jahrhunderte hindurch auslösten, geriet allzuoft in Vergessenheit, welche menschlichen Gemeinschaften sich denn nun im einzelnen hinter dieser zur bloßen Worthülse degenerierten Bezeichnung verbargen, welches Schicksal ihnen in wechselnden geographischen und historischen Kontexten zur Zeit der Spätantike beschieden war, und worin gegebenenfalls ihre kulturelle und politische Leistung bestanden haben könnte. Um all diese Fragen wenigstens ansatzweise beantworten zu können, müssen wir Kategorien anwenden, die dem Phänomen «Hunnen» gegenüber angemessen sind, und es ist sinnvoll, diese Kategorien dort zu suchen, wo es seinen Ausgang genommen hat: in den weiten Steppen der eurasischen Graslandzone.

Die reiternomadischen Kulturen Eurasiens

I. Die eurasische Graslandzone

Die eurasische Graslandzone umfaßt einen riesigen Raum, der von der heutigen Ukraine an der Küste des Schwarzen Meeres bis zur berühmten Großen Mauer im Norden Chinas reicht. Da sich ihr größter Teil fernab vom Ozean erstreckt, zeichnen sich die Steppen Osteuropas und Innerasiens durch ein stark kontinentales Klima mit heißen Sommern und zum Teil bitterkalten, trockenen Wintern aus. Trotz alledem ist das Grasland unter den Klimazonen Zentraleurasiens der für den Menschen noch am geeignetsten erscheinende Lebensraum, vergleicht man ihn mit der Tundra und Taiga Nordrußlands oder den allgegenwärtigen Wüsten und Halbwüsten im Innern Asiens. Für die Lebens- und Wirtschaftsweise einer auf extensiver Viehwirtschaft basierenden Kultur bot es in vormoderner Zeit die idealen ökologischen Voraussetzungen. Die Reiternomaden benötigten vor allem ausgedehnte Weideflächen für ihre Herden; die Steppe bot diese in nahezu unerschöpflichem Ausmaß und gewährleistete

Bronzefigürchen eines reiternomadischen Kriegers mit knochen-
versteiftem Reflexbogen. China
(Innere Mongolei), Alter unbekannt.

vom Frühling bis in den Herbst in der Regel eine reichliche Versorgung mit den verschiedensten Futterpflanzen. Verschlechterten sich die Rahmenbedingungen, so brachen die in Clans und Stämmen organisierten Reiternomaden buchstäblich ihre Zelte ab und suchten neue Weidegründe auf, denn die Graslandzone ließ sich aufgrund ihrer klimatischen und geographischen Homogenität leicht und schnell in Ost-West-Richtung durchqueren. Für die Ausbreitung der reiternomadischen Kultur und ihrer materiellen wie auch politischen Erscheinungsformen nach Westen ist diese Eigenheit des Raumes – Nicola Di Cosmo hat vom sogenannten «steppe highway» gesprochen – von großer Bedeutung gewesen. Die Mobilität der Reiternomaden Eurasiens ist, so könnte man sagen, ein Resultat des spezifischen geographisch-klimatischen Milieus, in dem sie beheimatet waren; sie ist freilich auch, wie wir sehen werden, an dieses Milieu in gewisser Weise gebunden.

2. Allgemeine Kennzeichen der reiternomadischen Kulturen

Es ist gar nicht so einfach zu bestimmen, worin das Gemeinsame aller reiternomadischen Kulturen in der eurasischen Graslandzone besteht. Weder hinsichtlich der Sprache noch etwa der ethnischen oder gar rassischen Zugehörigkeit haben die Steppenbewohner von der Ukraine bis zur Mongolei je eine Einheit gebildet. Am ehesten noch kann man im Bereich der Religion und der Mythen gewisse Gemeinsamkeiten in der Vorstellungswelt vermuten, die denn auch in der künstlerischen Produktion ihren Ausdruck finden mochten – man denke etwa an den sogenannten Tierstil, der über Jahrhunderte hinweg in unterschiedlichsten Formen das handwerkliche Schaffen prägte. Ein anderes Beispiel stellt die eigentümliche Fundgattung der aus Metall gegossenen Kessel dar, die über den gesamten Bereich der reiternomadischen Kulturen Eurasiens verstreut gefunden worden sind. Obwohl die Verwendung dieser Gefäße alles andere als restlos geklärt ist, vermutet man auch sie mit guten Gründen in einem kultischen Kontext.

Reiternomadischer Metallkessel mit pilz-
förmigen Aufsätzen auf und neben den
Henkeln. Kaposvölgy/Ungarn, Ende 4. Jh./
erste Hälfte 5. Jh. n. Chr.

Anhand der materiellen Hin-
terlassenschaft – das haben die
beiden letzten Beispiele gezeigt –
lassen sich noch am ehesten Gemeinsamkeiten zwischen den reiternomadischen Gemeinschaften
vor Augen führen, auch wenn so
lediglich kulturelle, nicht aber
ethnische, sprachliche oder politische Zusammenhänge nachgewiesen werden können. So entsteht das Bild einer auf Viehzucht
basierenden Lebens- und Wirtschaftsform, die von hoher Mobilität und Flexibilität geprägt war. Diese Wesenszüge aber waren den Wechselfällen harter Lebensbedingungen geschuldet,
denn es bedurfte nicht viel – einer hartnäckigen Dürre, eines
extrem kalten Winters, einer Viehseuche –, um die Reiternomaden zu zwingen, ihren gegenwärtigen Aufenthaltsort zu verlassen und sich anderswo eine neue Existenzgrundlage aufzubauen. Da dies in den ins Auge gefaßten Siedlungsgebieten
vielfach nur gegen Widerstand geschehen konnte, erklärt sich
daraus auch der kriegerische Charakter ihrer materiellen Kultur: Fundstücke wie dreiflügelige Pfeilspitzen oder der charak-
teristische, mit knöchernen Platten verstärkte Reflexbogen belegen allerorten in Eurasien den Aktionsradius reiternomadischer Gemeinschaften.

3. Der «endemische Konflikt» zwischen den Reiternomaden und den Ackerbauern

Als nichtseßhafte Viehzüchter lebten die Reiternomaden an der
Peripherie der agrarwirtschaftlich geprägten Kulturzonen der
Alten Welt – ob man darunter nun den griechisch-römischen

Mittelmeerraum, die iranische Stadtkultur in den Flußoasen Zentralasiens oder das China etwa der Han-Zeit (206 v. Chr. bis 220 n. Chr.) versteht. Gerade die jüngere Forschung hat die eigentümliche wechselseitige Bedingtheit zwischen diesen beiden Welten, der Sphäre der Nichtseßhaften und der der Seßhaften aufgezeigt und näher zu fassen versucht. Sie spricht geradezu von einem «endemic conflict» (Denis Sinor): Die Reiternomaden des Graslandes hatten sich an die Gegebenheiten ihres Lebensraumes zwar optimal angepaßt, sie vermochten in guten Jahren sogar einen Überschuß an Vieh und Viehprodukten zu generieren. Doch blieb die Art und Weise ihrer Existenz letztendlich prekär: Auf stabile, das Überleben oder gar so etwas wie Wohlstand dauerhaft garantierende Erträge ihrer Mangelwirtschaft konnten sie sich nicht verlassen; eine berufliche Differenzierung und Spezialisierung der Gesellschaft, etwa im Bereich des Schmiedehandwerks, erfolgte nicht, zu groß war das Erfordernis der Mobilität und der Improvisation an die nichtseßhaften Gemeinschaften.

Viele Gruppen von Steppenbewohnern antworteten auf diese entwicklungs- und wohlstandshemmenden Begleiterscheinungen ihrer Lebensweise, indem sie sich an den Peripherien der Kulturzone niederließen und, ergänzend zur traditionellen Viehzucht, bisweilen sogar Ackerbau betrieben. In der Praxis mag es vielerlei Abstufungen zwischen nichtseßhaften Reiternomaden und seßhaften Ackerbauern gegeben haben. Unproblematisch war das für die Betroffenen nicht: Unter den Steppenbewohnern büßten sie an Prestige ein, denn nur verarmte Hirten gaben ihr ungebundenes Leben auf und knüpften ihre Existenz an die Scholle. Für die Ackerbauern aber waren sie eine lästige Konkurrenz, die gerade in den Kontaktbereichen zwischen Grasland- und Kulturzone den schon immer Ansässigen die ohnehin eher kargen Böden streitig machte.

Die Reiternomaden waren also, gerade wenn sie ihrer traditionellen Lebensweise treu bleiben wollten, letztlich immer wieder auf die südlich an die Steppen anschließende agrarische Kulturzone und ihre landwirtschaftlichen und handwerklichen Produkte angewiesen, und zwar in weit größerem Ausmaß, als dies umgekehrt der Fall war. Die Ackerbauern etwa Chinas und Zentralasiens kamen in der Regel auch ohne die Erzeugnisse der Steppe aus; sie empfanden die Konfrontation mit den, wie es schien, unzivilisierten und herumstreunenden Hungerleidern aus dem Norden vielfach als lästig, immer öfter aber auch als bedrohlich. Denn die «asymmetrische Handelsbeziehung» (Elçin Kürsat-Ahlers) zwischen den Seßhaften und den Nichtseßhaften ließ eine bewaffnete Auseinandersetzung zwischen beiden Sphären mittelfristig immer wahrscheinlicher werden. Die Einfälle reiternomadischer Gruppen in die agrarische Kulturzone, die uns durch literarische Quellen vermeldet werden, haben häufig damit zu tun, daß die Invasoren dazu übergingen, sich Güter, die ihnen auf friedlichem Wege nicht zugänglich waren, nun auf gewaltsame Weise anzueignen. Die Eröffnung von Handelsplätzen am Schnittpunkt zwischen der Sphäre der Seßhaften und jener der Nichtseßhaften war ein wichtiges Ziel vieler reiternomadischer Anführer bei Friedensverhandlungen.

4. Die Folgen des «endemischen Konflikts»: Konfrontation und Integration

Wir haben von der eigentümlichen Wechselbeziehung zwischen der agrarischen Kulturzone einerseits und der Graslandzone der Reiternomaden andererseits gesprochen, von dem «endemischen Konflikt» zwischen beiden Sphären. Das bedeutet, daß sie gerade durch die stete Konfrontation miteinander nicht so geblieben sind, wie sie einmal waren, sondern in gewisser Weise je unterschiedlich ausfallenden Wandlungsprozessen unterlagen. Die Menschen der agrarischen Kulturzone mußten, wollten sie nicht immerzu Raubzüge und Kriege riskieren, den Bedürfnissen der Reiternomaden entgegenkommen. Dies konnte zum Beispiel dadurch geschehen, daß man Handelsaustausch ermöglichte und den Anführern der Nichtseßhaften «Geschenke» machte oder gar regelmäßige Subsidien zahlte. Der geregelte Transfer von Alltags- oder Luxusgütern in die Steppe war in jedem Falle billiger als ein Krieg, bei dem die Zerstörungen in der Kulturzone den Schaden, den man den schlecht zu fassenden

Reiternomaden zuzufügen vermochte, bei weitem übersteigen mußte. Beschwichtigungspolitik war folglich stets ein probates Mittel, wenn es galt, die nördlichen Grenzen ruhigzuhalten, auch wenn ein solchermaßen erkaufter Frieden an der Heimatfront Unmut hervorrief. In China hat man zum Beispiel während des 2. Jahrhunderts v. Chr. viele Jahrzehnte hindurch die sogenannte *heqin*-Politik praktiziert, die dem Ziel diente, durch Geschenke und Vergünstigungen «Frieden und Freundschaft» der Nichtseßhaften zu erkaufen.

Doch auch bei den Menschen in der Steppe sorgte der Kontakt mit der Kulturzone für strukturelle Veränderungen. Um im Konfliktfall bestehen und den eigenen Forderungen Nachdruck verleihen zu können, war es erforderlich, Einheiten zu bilden, die zu gegebener Zeit unverzüglich große Schlagkraft entfalten konnten. Natürlich ließ sich ein solches Ziel unter straffer, einheitlicher Führung leichter verwirklichen als ohne sie; das Erfordernis kriegerischer Effektivität im Umgang mit den Mächten der Kulturzone erleichterte also oder ermöglichte gar erst den Aufbau hierarchischer Herrschaftsstrukturen in der Steppe, die die herkömmlichen Clan- und Stammesstrukturen überwölbten. Hatte dieser Trend erst einmal zu (Teil-)Erfolgen geführt, so verstärkte er sich wie von selbst: Ein reiternomadischer Anführer, der durch Androhung oder Ausübung von Gewalt ein Abkommen erstritten hatte, konnte dadurch die Versorgung der von ihm vertretenen Gruppe auf gewisse Zeit sicherstellen und stabilisierte dadurch seine Herrschaftsposition. Die Tatsache, von den politisch Verantwortlichen in China, Iran oder dem Römischen Reich als Vertragspartner akzeptiert zu werden, ließ sein Renommee im eigenen Verband weiter steigen; wertvolle «Geschenke», die ihm gegebenenfalls im Gefolge des Vertragsabschlusses ausgehändigt wurden, ermöglichten es ihm, seinerseits seine Anhänger zu belohnen. Man spricht in der Forschung diesbezüglich von der Entstehung einer sogenannten «Prestigeökonomie», die es dem aufgrund seiner äußeren Erfolge emporgekommenen reiternomadischen Herrscher ermöglichte, seine Gefolgschaft einerseits an sich zu binden und sie andererseits hierarchisch zu untergliedern. Gelang ihm dies, so verfügte er beim nächsten Konfliktfall mit den Mächtigen der Kulturzone über eine noch fester an ihn gebundene, in vielen Fällen auch größere Kriegergruppe, da jeder Erfolg ihre Attraktivität steigerte und Neuzugänge zur Folge hatte.

Freilich beruhte das Ganze eben auf dem militärischen und diplomatischen Erfolg des reiternomadischen Anführers. Wir beobachten immer wieder, daß auf den ersten Blick sehr eindrucksvolle, in einem großen Aktionsradius wirkende Machtzusammenballungen von Nichtseßhaften sich nach einigen Jahren scheinbar in nichts auflösten. Ausbleibender Erfolg war Gift für das Prestige auch altgedienter reiternomadischer Anführer; sie befanden sich ständig unter dem Druck, ihr Prestige zu aktualisieren und ihre Ausnahmestellung zu rechtfertigen. Die Zweckgebundenheit und insofern Flüchtigkeit ihrer «Reichsbildungen» war systemimmanent. Für die Bewohner der agrarischen Kulturzone mochte dies ein steter und berechtigter Grund zur Hoffnung sein. Und selbst wenn es reiternomadischen Gruppen gelang, über längere Zeit hinweg ihre Herrschaft aufrechtzuerhalten und gar auf Bereiche der Kulturzone auszudehnen, so war dies nahezu immer damit verbunden, daß sich der Charakter dieser Herrschaft änderte. Das agrarische Fruchtland ließ sich nicht dauerhaft nach den Gesetzmäßigkeiten der Steppe kontrollieren. Die Mobilität der Nichtseßhaften wich deshalb mit der Zeit der Standorttreue; die reiternomadische Lebensart büßte schrittweise an Verbindlichkeit ein, auch und gerade für die Eliten. Am Ende dieses langen und für alle Beteiligten durchaus schmerzhaften Prozesses war ein neues Gleichgewicht entstanden: Seßhafte und (ehemals) Nichtseßhafte befanden sich nun sozusagen im gleichen Boot; diejenigen Reiternomaden, die den eingeschlagenen Kurs der Anpassung an die Kulturzone nicht mittragen wollten, hatten sich freiwillig oder erzwungenermaßen abgesetzt. Eine neue Konfrontation an den Peripherien des agrarischen Fruchtlandes konnte sich aufbauen, ein neuer Kreislauf von Gewalt und Integration in Gang gesetzt werden.

Es gibt Beispiele dafür, daß sich ehemals reiternomadisch verfaßte Gruppen auf die beschriebene Art und Weise in die agrarische Kulturzone Eurasiens dauerhaft und unter Aufgabe ihrer ursprünglichen Lebens- und Wirtschaftsweise integriert haben. In Südosteuropa und Kleinasien sind die Beispiele der Ungarn und Türken besonders instruktiv, im Fernen Osten die Herrschaft der Mongolen unter Khubilai Khan, dem Begründer der chinesischen Yuan-Dynastie im Jahre 1271. Demgegenüber darf natürlich nicht außer acht bleiben, daß derartigen Fallbeispielen einer geglückten Integration von Reiternomaden in die Kulturzone zahllose andere gegenüberstanden, die ein gegenteiliges Ergebnis zeitigten: Plünderung, Zerstörung und umfassende Destabilisierung sowohl der Sphäre der Seßhaften wie letztendlich auch der Nichtseßhaften. Der durchweg negative Grundton unserer literarischen Zeugnisse über die Reiternomaden dürfte mit dieser Erfahrung zusammenhängen. Da unsere Kenntnisse von den Kulturen der Graslandzone vorwiegend auf diesen Quellen beruhen, ist es notwendig, diesbezüglich noch ein wenig näher darauf einzugehen. Für die Epoche der griechisch-römischen Spätantike (ca. 285 bis 565 n. Chr.) ist der berühmte Hunnenexkurs des Ammianus Marcellinus besonders sinnfällig, ein zentraler Text zur Frühgeschichte der europäischen Hunnen an der Schwelle vom 4. zum 5. Jahrhundert n. Chr.

5. Die Eigenart unserer Quellen

Der sogenannte Hunnenexkurs des Ammianus Marcellinus (Amm. 31,2,1–11) findet sich ganz am Ende von dessen *Res gestae*, einem monumentalen Geschichtswerk, das in der Nachfolge des Historikers Tacitus (um 55 bis um 120 n. Chr.) die Ereignisse im Römischen Reich von 96 bis 378 n. Chr. behandelte; nur die letzten achtzehn Bücher sind erhalten geblieben, doch sie stellen für den behandelten Zeitraum der Jahre 353 bis 378 unsere wichtigste, zudem zeitgenössische erzählende Quelle dar.

Das 31. Buch der *Res gestae* erzählt von der Schlacht bei Adrianopel (Edirne) am 9. August 378 n. Chr. und ihrer unmittelbaren Vorgeschichte. Ammian stellte dieses seiner Meinung nach epochale Ereignis an den Schluß seines Geschichtswerks;

der vernichtende Sieg der Goten über die Römer und der Tod des Kaisers Valens auf dem Schlachtfeld erschienen ihm als Belege für einen markanten Einschnitt in der römischen Geschichte und das Heraufziehen einer neuen Lebensphase des ins Greisenalter eingetretenen Imperiums.

In diesem größeren Zusammenhang spielen nun die Hunnen für Ammian die ihnen zukommende Rolle: Ihre Wanderung nach Osteuropa war seiner Meinung nach der Ausgangspunkt *(causa)* für die «Saat des ganzen Verderbens» und den «Ursprung der verschiedenen Katastrophen», die in der Folge das Reich heimsuchten. Ammian betont die unbeschreibliche Wildheit der Hunnen, über die man bis vor kurzem nahezu nichts gewußt habe. Er zählt seltsame, barbarische Bräuche auf, die in ihrer Topik zwar grundsätzlich der Sphäre reiternomadischen Lebens zuzuordnen sind, gleichzeitig aber viel zu bizarr erscheinen, um wahr zu sein. Oder was soll man davon halten, daß Ammian behauptet, die Hunnen nähmen nur rohe Kost zu sich, mieden grundsätzlich Behausungen und kennten weder familiäre noch rudimentäre politische Strukturen? Unser Autor zeichnet in seinem Text nicht das Bild von Menschen, sondern von «zweibeinigen Bestien» und «Tieren, die keinen Verstand haben». Die Hunnen scheinen ihm keinerlei zivilisatorische Leistungen hervorgebracht zu haben und ein irrlichterndes, schreckliches Phänomen zu sein, das aus den Randbereichen der Ökumene – der den Zeitgenossen bekannten Kulturwelt – plötzlich in die Sphäre ihrer Bewohner eingedrungen ist. Selbst ihre Nachbarn, die ebenfalls in der Graslandzone beheimateten Alanen, erscheinen Ammian dagegen in einem vergleichsweise milden Licht. Die Hunnen selbst aber sind im wahrsten Sinne des Wortes haltlos, ohne örtliche und sittliche Bindung, die Antithese zur griechisch-römischen Zivilisation in ihrer reinsten Form.

Nun hat die Forschung schon längst erkannt, daß die Informationen, die Ammianus Marcellinus über die Hunnen zusammengetragen hat, in hohem Maße problematisch und vielfach sogar schlicht falsch sind. Es handelt sich bei unserem Text nicht um eine realitätsnahe Darstellung ihrer Lebensweise aus erster oder auch nur zweiter Hand, sondern vermutlich um eine vom

Autor selbst aus Topoi der antiken Literatur erstellte «ethnographische Fiktion» (Will Richter). Die Hunnen waren ja erst
wenige Jahre zuvor mit den Römern in Kontakt getreten; daß
Ammian selbst sie in ihrer natürlichen Umgebung zu Gesicht
bekommen und so die Möglichkeit erhalten hätte, ihre Sitten
und Gebräuche zu studieren, ist mehr als unwahrscheinlich.
Doch um das Sammelsurium absonderlicher Einzelheiten zu er-
stellen, das uns heute vorliegt, konnte der belesene Autor auf
einen reichen Fundus von Nachrichten zurückgreifen, die seit
alter Zeit über die barbarischen Völker des Nordens zusammengetragen worden waren. Schon der «Vater der Geschichtsschreibung», Herodot von Halikarnaß, hatte im 5. Jahrhundert
v. Chr. an einigen Stellen seiner *Historien*, vor allem aber im sogenannten Skythischen Logos des vierten Buches, das Leben der
Reiternomaden im nördlichen Schwarzmeerraum beschrieben
und dadurch zahlreiche Erzählelemente gestaltet, die wir in der
einschlägigen ethnographischen Literatur des Hellenismus (ca.
336 bis 30 v. Chr.) und der Kaiserzeit (ca. 27 v. Chr. bis 285
n. Chr.) wiederfinden. Im Grunde könnte man sogar noch in die
Zeit vor Herodot zurückgehen. So verfügen wir etwa über einige
Fragmente aus dem Werk des Epikers Aristeas von Prokonnesos,
der spätestens in der Mitte des 6., vielleicht aber auch schon im
7. Jahrhundert v. Chr. gelebt hat. In den *Arimáspeia* erzählt er
von seinen Reisen an die nördliche Peripherie der bewohnten
Welt. Aristeas berichtet, die einäugigen Arimaspen hätten einst
die Issedonen überfallen, diese wiederum die Skythen verdrängt
und jene schließlich die Kimmerier (Aristeas frg. 2 Bernabé; vgl.
Herodot, *Historien* 4,13): Auf diese Weise seien die zuletzt Genannten Anfang des 7. Jahrhunderts v. Chr. gezwungenermaßen
in Kontakt mit den Völkern des Mittelmeerraums gekommen.
Interessant an der Geschichte ist in unserem Zusammenhang,
daß Aristeas' Erklärung für die Wanderschaft der reiternomadischen Völker nördlich des Schwarzen Meeres nahezu identisch
ist mit derjenigen, die Ammianus Marcellinus nahezu tausend
Jahre später für das Auftreten der Hunnen präsentiert. In beiden Fällen wird gewissermaßen ein Dominoeffekt als Erklärung
dafür in Anschlag gebracht, warum kriegerische Gruppen aus

der Steppe auf einmal raubend und plündernd in die Länder der agrarischen Kulturzone eindrangen. Doch liegt es – wie bereits angedeutet – eben sehr nahe, daß es sich dabei um überkommene Darstellungsstrukturen, sogenannte Topoi der antiken ethnographischen Tradition, handelt, nicht aber um Berichte unserer Gewährsmänner darüber, wie es «wirklich» gewesen ist.

Die Beschäftigung mit Ammianus Marcellinus und Aristeas von Prokonnesos hat deutlich gemacht, wo sich die Tücken unserer antiken Überlieferung zu den reiternomadischen Kulturen Eurasiens befinden. So können wir zum einen festhalten, daß die wenigsten griechischen und römischen Autoren über authentische Kenntnisse aus erster Hand von den Verhältnissen nördlich des Schwarzen Meeres verfügten. Ihr Nichtwissen aber vermochten sie mit Erzählungen und Topoi zu überspielen, die teilweise schon in sehr früher Zeit von griechischen Autoren der Archaik und später der Klassik geschaffen worden waren. Selbstverständlich waren diese nicht völlig aus der Luft gegriffen: Die Reiternomaden der Graslandzone lebten tatsächlich vielfach in nichtseßhaften Gemeinschaften; ihre Lebensgemeinschaft mit dem Pferd, ihre Art des Kämpfens, die Tatsache, daß sie sich oft nur aus aktuellem Anlaß, dann allerdings als schlagkräftige kriegerische Einheiten formierten – all diese Beobachtungen hatten tatsächlich ihren Sitz im Leben. Es mag mit solchen Wahrheitsgehalten zusammenhängen, daß etwa der Hunnenexkurs Ammians eine beachtliche Wirkungsgeschichte schon in der Spätantike aufzuweisen hat und bis in jüngste Zeit noch von so manchem Forscher zu Unrecht als im Kern glaubwürdig erachtet worden ist. Demgegenüber gilt es zu betonen: Wer «die Hunnen» wirklich gewesen sind, erfahren wir durch Ammians gehässige Darstellung gerade nicht. Sie verstellt unseren Blick auf die Sache eher, als daß sie ihn erklärt.

Die Verbreitung des Hunnennamens
in Eurasien

I. Die Gleichsetzung von Hunnen und Xiongnu:
ein Irrweg?

Größere oder kleinere reiternomadische Einheiten, die in der Antike oder der Moderne als «Hunnen» bezeichnet worden sind, lassen sich zwischen dem 3. Jahrhundert v. Chr. und dem 8. Jahrhundert n. Chr. über den gesamten eurasischen Raum hinweg lokalisieren. Doch was verbindet all diese Gruppen, die zu den unterschiedlichsten Zeiten und an den unterschiedlichsten Orten agiert haben? Je nachdem, welcher Partner bzw. Gegner den Hunnen an der Peripherie zur agrarischen Kulturzone gegenüberstand – China, Iran, das Römische Reich –, nahmen ihr politisch-militärisches Auftreten und ihr kultureller Habitus spezielle Formen an. Man könnte auf die Idee kommen, daß es diese Konfrontation mit den Mächten der Kulturzone sei, die das Verbindende zwischen den verschiedenen hunnischen Gruppen darstellt, doch haben wir gesehen, daß die Wechselbeziehung von Steppe und Agrarland, ihr «endemischer Konflikt», zu den von Grund auf angelegten Dispositionen der reiternomadischen Lebensweise gehörte: Die dargestellte Konfliktstruktur ist also kein alleiniger Wesenszug, kein Proprium der Hunnen.

Für die historische und archäologische Forschung heutzutage ist es selbstverständlich, auf der Suche nach Spuren hunnischer Geschichte und Kultur weite Wege bis in den Mittleren und Fernen Osten zu gehen. Schon der französische Orientalist Joseph de Guignes hatte 1756 im ersten Band seiner umfassenden *Histoire générale des Huns, des Turcs, des Mogols et des autres Tartares occidentaux* diesen Weg gewiesen, indem er die Xiongnu, ein nomadisches Hirtenvolk an der Grenze Chinas in den Jahrhunderten vor und nach Christi Geburt, mit den europäischen Hunnen Attilas in Beziehung setzte. Er stiftete dadurch eine Kontinuitätslinie, die wissenschaftsgeschichtlich ungeheuer folgenreich gewesen ist. Bis heute kann man mitunter in Schul-atlanten die «hunnische Wanderung» von der Großen Mauer in Nordchina bis in den nördlichen Schwarzmeerraum und weiter nach Zentralfrankreich und Oberitalien verfolgen. Dabei ist eine direkte Kontinuität reiternomadischer Einheiten so weit voneinander entfernter Gebiete ganz und gar unwahrscheinlich. Schon der mobile, für gewöhnlich geradezu fluktuierende Cha-rakter nichtseßhafter Gruppen in der Graslandzone spricht grundsätzlich eher dagegen. Nur unter außergewöhnlichen Um-ständen konnte es talentierten reiternomadischen Anführern ge-lingen, eine kriegerische Einheit zu schmieden, die mehr als eine Generation zu überdauern und damit eine weiterreichende hi-storische Tradition zu stiften vermochte.

Es gibt aber noch weitere Gründe, an einer direkten Konti-nuität zwischen den innerasiatischen Xiongnu und den euro-päischen Hunnen zu zweifeln. Schon bei ersteren tut sich die Forschung schwer, archäologisch faßbare Kriterien zu formulie-ren, die diese als einheitliche politische oder gar ethnische Ge-meinschaft kenntlich werden lassen. Das wertvolle Fundgut etwa aus den Gräbern des Ordos-Plateaus in Nordchina zeigt, daß in den Steppen jenseits der Großen Mauer während des 4. und 3. Jahrhunderts v. Chr. Prozesse in Gang gekommen waren, die zu einer starken Hierarchisierung der reiternomadischen Gruppen unter der Führung einer mächtigen und reichen Krie-geraristokratie führten. Den Höhepunkt dieser Entwicklung markiert die Machtbildung des Maodun, der zwischen 209 und 174 v. Chr. ein Großreich errichtete, das für das China der Han-Kaiser in der Folgezeit eine stete, ernste Bedrohung darstellte.

Maodun firmierte als Herrscher der Xiongnu; sein Titel *shan-yu* ist eines der wenigen Wörter, das man aus der Sprache dieses Volkes kennt, freilich ohne es zweifelsfrei deuten zu kön-nen. Denn auf der Basis unseres Materials ist es der linguisti-schen (sprachwissenschaftlichen) Forschung bisher nicht gelun-gen, einen Konsens darüber zu finden, welcher Sprachfamilie das Xiongnu zuzuordnen ist. Die Suche nach Gemeinsamkeiten mit mongolischen, iranischen oder Turksprachen hat zu keinem Ergebnis geführt, das nicht sofort wieder bestritten worden wäre.

Es handelt sich in diesem Fall übrigens um ein Schicksal, das das Idiom der Xiongnu mit dem der europäischen Hunnen teilt. Von der Muttersprache des Hunnenkönigs Attila ist uns durch griechische und lateinische Quellen bei Anlegung der sehr strengen Kriterien von Gerhard Doerfer ein Fundus von lediglich zwanzig bis dreißig Namen und drei noch dazu unsicheren Appellativa überliefert. Andere Forscher, die weniger restriktiv vorgingen, sind auf eine größere Zahl von Namen und Worten gekommen, doch das ändert nichts daran, daß die Basis unseres hunnischen Sprachmaterials für eine linguistische Analyse denkbar schmal aussieht. Die dennoch unternommenen Versuche einer Klassifizierung hatten denn auch dasselbe Ergebnis wie im Falle des Xiongnu: Keine Lösung konnte befriedigen. Eine Zugehörigkeit des Hunnischen etwa zu den Turksprachen konnte bis heute nicht zweifelsfrei erwiesen werden. Erst recht mußte die Hoffnung scheitern, die Kontinuitätshypothese de Guignes' aus dem 18. Jahrhundert anhand der Sprachzeugnisse zu beweisen. Der trümmerhafte Charakter unserer Hunnisch- und Xiongnu-Zeugnisse läßt eine gegenseitige Abhängigkeit oder Verwandtschaft jedenfalls nicht erkennen. Vielleicht gehörten beide Idiome eurasischen Sprachfamilien an, die seit der Antike erloschen sind. Dies ist keineswegs unwahrscheinlich: Noch heute existiert in der Linguistik die Restkategorie «Paläosibirische Sprachen», die eine Reihe von innerasiatischen Idiomen beinhaltet, die sich einer Einordnung in bekannte Sprachfamilien beharrlich entziehen.

Im Grunde paßt der dargestellte Befund gut zu dem, was oben über den allgemeinen Charakter reiternomadischer Gemeinschaften der eurasischen Graslandzone gesagt worden ist. Sie definierten sich eben nicht über ethnische, rassische oder sprachliche Kennzeichen, sondern über die Lebens- und Wirtschaftsweise, die sie pflegten. Kulturelle Gemeinsamkeiten zwischen den Xiongnu und den europäischen Hunnen lassen sich archäologisch ohne weiteres nachweisen, aber das liegt eben an diesem zuletzt genannten Aspekt, nicht an einer, wie auch immer gearteten ethnischen Kontinuität.

2. Der Hunnenname als Prestige- und Übertragungsname

So bleibt als verbindendes Glied zwischen den kriegerischen Reiternomaden Maoduns und Attilas letztendlich nur der nackte Name. Daß zwischen dem chinesischen *Xiongnu* und dem lateinischen *Chunni* bzw. dem griechischen *Oúnnoi* eine Beziehung besteht, wird von der Forschung übereinstimmend für sehr wahrscheinlich gehalten. Doch wie und warum hat sich der Hunnenname von der chinesischen Grenze bis nach Zentralasien und weiter in den nördlichen Schwarzmeerraum verbreitet? Vermutlich geschah dies, weil er als Prestigename und als Übertragungsname diente.

Das Xiongnu-Reich Maoduns und seiner Nachfolger im 2. Jahrhundert v. Chr. war ein mächtiges Gebilde gewesen, das seine chinesischen Nachbarn in Furcht und Schrecken versetzt hatte. Erst von den 130er Jahren v. Chr. an, zur Zeit des Kaisers Han Wudi, gelang es den Chinesen, das Gesetz des Handelns wieder an sich zu reißen. Der Dauerkrieg mit den reiternomadischen Xiongnu war damit zwar nicht beendet, doch entspannte sich langfristig die Lage für das chinesische Reich, denn die Führungsschicht der Xiongnu wurde in der Folgezeit zunehmend durch innere Zerwürfnisse geschwächt. In den Jahren um 50 v. Chr. führte dies zu einer Spaltung: Während die Südlichen Xiongnu sich in der Folge zunehmend in die politische und kulturelle Sphäre Chinas integrierten, führten die Nördlichen Xiongnu die kriegerische Auseinandersetzung mit dem Reich der Mitte zunächst fort, bis sie im Zuge der chinesischen Expansion nach Zentralasien Ende des 1. Jahrhunderts n. Chr. mehrfach schwer geschlagen wurden. Ihre Reste zogen im Verlauf des 2. Jahrhunderts n. Chr. nach Westen ab und verschwinden damit aus den chinesischen Schriftquellen; auch archäologisch läßt sich ihr weiterer Weg nicht nachzeichnen.

Es ist gut möglich, daß die Nördlichen Xiongnu als politisch-militärische Einheit unter dem Eindruck der chinesischen Ex-

pansion nach Zentralasien unter den Han-Kaisern völlig zerfie-
len, ihre Reste sich anderen reiternomadischen Gruppen an-
schlossen und deren kulturelle Ausdrucksformen übernahmen.
Der Name «Xiongnu» freilich muß unter diesen Bedingungen
nicht verlorengegangen sein, war er doch jahrhundertelang die
Bezeichnung für das bis dahin eindrucksvollste und dauerhafteste reiternomadische Reich an der Grenze zu China gewesen
und folglich mit hohem Prestige versehen. Er vermochte reiternomadischen Gruppen, die sich ja an den Peripherien der Kulturzone in einem fort neu formierten, eine kriegerische Identität
zu verleihen.

Von den Xiongnu hatten viele Bewohner Zentralasiens in den
nachchristlichen Jahrhunderten schon gehört; Furcht und
Schrecken eilten ihrem Namen voraus. Wenn wir vom Hunnennamen als Prestigenamen und Übertragungsnamen sprechen, so
handelt es sich im Grunde bei beiden Begriffen um zwei Seiten
derselben Medaille. Denn ebenso wie die Reiternomaden durch
ihre Namensgebung das Renommee ihrer Gruppe steigern und
den Mut ihrer Feinde erschüttern wollten, so vermochten die
Ackerbauern der Kulturzone durch das Etikett «Xiongnu» bzw.
«Hunnen» den Schrecken, der ihnen widerfuhr, zu benennen
und damit gleichsam zu bannen, auch wenn es sich bei den Kriegern, die ihre Siedlungen plünderten und Felder verwüsteten,
gar nicht um «echte» Xiongnu handelte. So erklärt sich die Ver-
breitung des Hunnennamens in Zentralasien aus durchaus unterschiedlichen Motiven sowohl der nichtseßhaften als auch der
seßhaften Bevölkerung in diesem Raum.

Zur Zeit des römischen Kaisers Mark Aurel, um 170 n. Chr.,
verfaßte der alexandrinische Wissenschaftler Klaudios Ptolemaios seine berühmte *Geographie*. In diesem Werk, das bis in
die frühe Neuzeit eine starke Wirkung im Orient wie im Okzi-
dent entfaltet hat, werden die *Chúnoi* erstmals von einem griechisch-römischen Autor erwähnt (Ptol. *geogr.* 3,5,10). Wo genau man sich nach den Angaben des Ptolemaios deren Sied-
lungsgebiet in dieser Zeit vorstellen muß, ist umstritten und
geht aus den Worten der genannten Textstelle auch nicht mit
hinreichender Klarheit hervor. Als Ammianus Marcellinus das

Vordringen *seiner* Hunnen nach Westen um 370 n. Chr. schilderte, suchte er den Ausgangspunkt von deren Bewegung östlich des Asowschen Meeres, wohl zwischen dem Don und dem Kuban. Nun muß man nach allem zuvor Gesagten nicht glauben, daß sich bestimmte nördlich des Kaukasus ansässige reiternomadische Gruppen zweihundert Jahre lang unter Bewahrung ihres Namens und ihrer kulturellen Identität nicht von der Stelle gerührt hätten. Der Teig, aus dem die vielfältigen reiternomadischen Gemeinschaften der osteuropäischen und zentralasiatischen Graslandzone in dieser Zeit stets aufs neue geformt wurden, bestand zwar immer aus denselben kulturellen Ingredienzien – auch der Name «Hunnen» mag dabei immer wieder eine Rolle gespielt haben –, doch eine direkte Kontinuitätslinie zwischen den ptolemäischen *Chúnoi* und den ammianischen *Huni* ist ebensowenig wahrscheinlich wie eine solche zwischen den Gefolgsleuten Maoduns im 2. Jahrhundert v. Chr. und jenen Attilas im 5. Jahrhundert n. Chr.

3. Hinweise in den Schriftquellen auf die Anwesenheit von Hunnen in Zentralasien

Für den zentralasiatischen Raum ist der Hunnenname erstmals durch den Brief eines wohl in Lanzhou, am östlichen Ende der Seidenstraße ansässigen sogdischen Kaufmanns belegt, in dem dieser kurz nach 311 n. Chr. einen Kollegen in Samarkand von der Eroberung der damaligen chinesischen Hauptstadt Luoyang durch die «Hunnen» unterrichtet (Henning, S. 604–607). Mit *xwn (Xūn)* meinte unser Verfasser sicher die Südlichen Xiongnu – übrigens ein schöner Beleg dafür, daß zumindest in dieser Zeit eine Kontinuität zwischen dem Xiongnu- und dem Hunnennamen empfunden wurde –, aber er verwendete ein sogdisches Wort, um die Übeltäter zu benennen, die für das Ende der Westlichen Jin-Dynastie mitverantwortlich waren. Das Phänomen «Hunnen» mit all seinen negativen Begleitumständen war also in Sogdiana, dem Land zwischen Syr-daryā und Āmū-daryā im heutigen Usbekistan, zu Beginn des 4. Jahrhunderts n. Chr. bereits bekannt.

Für die Folgezeit verfügen wir über zahlreiche Zeugnisse aus Zentralasien und Indien, die uns von der Präsenz und Aktivität hunnischer Gruppen in diesem Raum unterrichten. Das sogdische *Xūn*, das mittelpersische *Hyōn*, doch auch *Hūṇa* im buddhistischen Sanskrit, um nur einige Beispiele zu nennen – all diese Wörter zeugen von der Ausbreitung des Hunnennamens von der eurasischen Graslandzone Innerasiens in die agrarische Kulturzone hinein, vom persischen Sāsānidenreich im Westen bis zum indischen Gupta-Reich im Osten. Auch griechische und römische Zeugnisse unterrichten uns über die Geschichte der Hunnen in Zentralasien. Ammianus Marcellinus etwa berichtet anläßlich der Belagerung der römischen Grenzfestung Amida (Diyarbakır) durch die Perser, die er selbst im Jahre 359 n. Chr. als Augenzeuge miterlebt hat, dem Sāsānidenkönig Šābuhr II. sei damals von den *Chionitae* Waffenhilfe geleistet worden (vgl. Amm. 18,6,22 u. 19,1,7–2,3). In dieser Bezeichnung steckt nach übereinstimmender Meinung der Sprachwissenschaftler das Wort «Hunnen», während der König der Chioniten, Grumbates, bei Ammian einen iranischen Namen trägt.

Im 5. Jahrhundert n. Chr. weiß der Diplomat und Historiker Priskos von Panion von *Oúnnoi Kidarítai*, die dem Sāsānidenkönig Pērōz um 465 n. Chr. hart zusetzten. Dieser forderte deshalb vom oströmischen Kaiser Leo I. finanzielle Unterstützung, denn, so seine aufschlußreiche Begründung, eine Niederlage der Perser sei auch für das Imperium nicht von Nutzen, da es dann allein und um so kostspieliger die Verteidigung der vorderasiatischen Kulturzone gegen die Reiternomaden zu organisieren habe (Priskos frg. 41,1 Blockley; vgl. auch dens. frg. 47 Blockley). Leo I. lehnte das Ersuchen des Pērōz damals ab, und dieser war, sicher zur Zufriedenheit des Kaisers und seiner Berater, in der Folge durch den langwierigen und erbitterten Krieg gegen den Kidāritenkönig Kunchas sehr in Beschlag genommen.

Die Versuche des besagten Sāsānidenkönigs, sein Reich vor Eindringlingen aus der Steppe zu schützen, sind im übrigen auch durch andere Quellen belegt. Besonders instruktiv ist hierbei das Zeugnis des um die Mitte des 6. Jahrhunderts n. Chr. schreibenden oströmischen Historikers Prokop von Kaisareia. Dieser erzählt zu Beginn seiner *Perserkriege* vom Ende des Pērōz, der im Jahre 484 n. Chr. im Kampf gegen die Hephthaliten Schlacht und Leben verlor. Die Hephthaliten firmieren bei Prokop auch unter dem Namen «Weiße Hunnen» (*Leukoí Oúnnoi*; auch in anderen Sprachen finden wir diesen Ausdruck: vgl. mittelpers. *Spēd Hyōn* und sanskr. *Śveta Hūṇa*), und er widmet ihnen einen eigenen Exkurs (Prokop, *Perserkriege* 1,3,3–7). Was er in diesem an Informationen zusammenträgt, ist allerdings einigermaßen verwirrend. Prokop betont zunächst ausdrücklich, bei den Hephthaliten handele es sich um «Hunnen». Im gleichen Atemzug jedoch zählt er allerlei Eigenheiten dieses Volkes auf, durch die sie sich seiner Meinung nach von den anderen Hunnen unterscheiden. Es sieht geradezu so aus, als habe Prokop seine Kenntnisse über die Hephthaliten mit den Aussagen verglichen, die Ammian seinerzeit in seinem Hunnenexkurs gemacht hatte, und da stachen ihm eher die Unterschiede ins Auge: Die Hephthaliten waren seiner Kenntnis nach eben keine nomadisierenden Wilden, die eine tierische Lebensweise ohne noch so rudimentäre soziale und politische Regeln praktizierten; im Gegenteil, sie lebten nach Recht und Gesetz. «Darin», so der irritierte und doch wissenschaftlich-redliche Prokop, «tun sie es den Römern und Persern gleich.»

Der Hephthalitenexkurs unseres Autors zeigt einmal mehr die Kluft, die sich bisweilen zwischen dem durch die Ethnographie tradierten Hunnenbild einerseits und der erlebten Realität vor Ort andererseits auftat. Die spätantiken Historiker taten sich mit diesem Befund begreiflicherweise schwer. Im Zweifelsfalle blieben sie dann doch – wie Priskos und Prokop – bei der einmal eingeführten, allenfalls leicht modifizierten Terminologie und redeten dann zum Beispiel von «Hunnen», «Weißen Hunnen» oder «kidāritischen Hunnen». Für eine moderne Darstellung der Geschichte der zentralasiatischen Hunnen ist dies ein immer zu beachtender, das Vorhaben erschwerender Umstand.

Die Hunnen in Zentralasien und Nordwestindien

I. Die sogenannten «iranischen Hunnen»

Da, wie gesehen, die ethnographische und historiographische Literatur der Spätantike den Blick auf die Hunnen in Zentralasien häufig eher verstellt als eröffnet, hat es nicht an Versuchen gefehlt, andere Zugänge zu dieser Thematik zu erschließen. Auf die Forschungsergebnisse des Numismatikers (Münzforschers) Robert Göbl geht in diesem Zusammenhang der Ausdruck «iranische Hunnen» zurück.

Göbl hatte, ausgehend von dem reichen Münzmaterial, das in Zentralasien ans Tageslicht gekommen ist, vier hunnische Invasionsschübe rekonstruiert: An erster Stelle standen bei ihm die bereits erwähnten Kidāriten, die in der zweiten Hälfte des 4. Jahrhunderts n. Chr. zunächst nördlich, dann aber auch südlich des Hindukusch in Afghanistan und Teilen Pakistans das Erbe des sogenannten Kušāno-Sāsānidischen Reiches angetreten hätten. Die zweite Welle hunnischer Invasoren versah Göbl mit dem Namen Alχon, nach der baktrischen Legende (Umschrift) *alxanno*, die ihre Münzen ziert. In den 390er Jahren n. Chr. hätten sie die Kidāriten aus dem Gebiet südlich des Hindukusch vertrieben, seien dann noch vor 450 über den Khyber-Paß nach Nordwestindien vorgedrungen und hätten dort für etwa ein Jahrhundert ein mächtiges Reich errichtet. Die dritte Gruppe, die sogenannten Nēzak, wurden von Göbl ebenfalls südlich des Hindukusch, im Raum der heutigen afghanischen Hauptstadt Kābul lokalisiert, wo sie seit etwa 450 n. Chr. (und bis ins 8. Jahrhundert hinein) durch eine teils an sāsānidischen, teils an Alχon-Vorbildern orientierte Münzprägung ausgewiesen sind. Die letzte Invasionswelle schließlich, von Göbl als «Echte Hephthaliten» bezeichnet, hat seiner Meinung nach den Hindukusch nicht mehr überschritten. Sie entsprechen den

Münzen der «iranischen Hunnen».
a) Drachme des Königs Khiṅgila (mit künstlicher Schädeldeformation
und der Legende *alxanno*) aus Gandhāra.
b) Drachme eines Nēzak-Königs (mit Rinderkopfkrone) aus Kābul (?).
Zur Datierung vgl. im Text S. 29.

«Weißen Hunnen» Prokops, die den Sāsānidenkönig Pērōz im Jahre 484 besiegt und getötet haben. Ihr Reich existierte mehrere Jahrzehnte, bis es um 560 n. Chr. einem gemeinsamen Angriff der Perser und Westtürken erlag; freilich lassen sich kleinere hephthalitische Herrschaftsbildungen noch bis zur Mitte des 8. Jahrhunderts nachweisen.

Die Klassifizierungen Göbls und der ihm folgenden numismatischen Forschung schlägt wichtige Schneisen in das uns vorliegende, unübersichtliche Quellenmaterial des spätantiken Zentralasien. Dennoch sind seine Ergebnisse im einzelnen nicht unwidersprochen geblieben. Das liegt an mehreren Gründen: Zum einen hat sich Göbl bei seinen Studien ganz auf die Auswertung der Münzfunde beschränkt, während er die schriftliche Überlieferung etwa Chinas und Indiens bewußt außen vor ließ. Für die Kategorie «iranische Hunnen» bedeutet das, daß sie in erster Linie eine numismatische – auf der Erforschung von Münzen beruhende – Kategorie ist und nur einen Ausschnitt aller uns im zentralasiatischen Raum bekannten Hunnen umfaßt. Die bei Ammianus Marcellinus erwähnten Chioniten zum Beispiel kommen in Göbls Schema nicht vor, weil es keine Münzen gibt, die sich ihnen ausdrücklich zuweisen lassen.

Göbl selbst hatte schon darauf hingewiesen, daß die reiternomadischen Eliten, die in Zentralasien Münzen prägten, in vie-

lem (kušāno-)sāsānidischen Vorbildern folgten. Die Führungsschicht der Hunnen artikulierte sich iranisch, wie man an der
Sprache der Münzlegenden und an der Gestaltung des Münzbil-
des leicht erkennen kann. Freilich gibt es auch Hinweise auf ihre
einstige Herkunft aus der eurasischen Graslandzone: Die Nēzak-
Könige zum Beispiel ließen sich mit einer charakteristischen
Rinderkopfkrone abbilden; auf vielen Münzen der «iranischen
Hunnen» sind die Herrscher durch die künstliche Deformation
ihres Schädels als Söhne der Steppe ausgewiesen. Doch generell
gilt eben, daß sich die verschiedenen reiternomadischen Gruppen Zentralasiens zur Zeit der Spätantike in vielem, vor allem in
ihren herrscherlichen Ausdrucksformen, bereitwillig der ange-
troffenen Kultur anpaßten. Daß Prokop in seinem Hephthalitenexkurs so viele Ähnlichkeiten zwischen den Hunnen und den
Persern aufzählen konnte, ist dafür nur ein zusätzlicher Beleg.
Umgekehrt gilt, daß die «iranischen Hunnen» Göbls mit den
Xiongnu Maoduns und den europäischen Hunnen Attilas allenfalls den Namen und die gemeinsame Verwurzelung in der eurasischen Graslandzone gemein hatten. Je nachdem, an welcher
Stelle der agrarischen Kulturzone sich die Reiternomaden festsetzten, nahm «das Hunnische» eine spezifische Gestalt an.

2. Erste hunnische Herrschaftsbildungen in Zentralasien

Die numismatische Forschung hält an dem Schema Göbls im
wesentlichen bis heute fest und zählt auch weiterhin vier In-
vasionswellen der «iranischen Hunnen», die sie in die zentral-
asiatische und nordwestindische Ereignisgeschichte des 4. bis
6. Jahrhunderts n. Chr. einzuordnen sich bemüht. Zugleich hat
es nicht an Versuchen gefehlt, weiteres Quellenmaterial heran-
zuziehen, um den oft schwierigen Befund der Münzen von anderer Seite zu erhellen. So erfahren wir zum Beispiel aus chinesischen Zeugnissen von Gesandtschaften, die entweder von den
«Hunnen» (Kidāriten, Hephthaliten) ins Reich der Mitte geschickt worden waren oder umgekehrt. Buddhistische Pilger-
mönche aus China wie Faxian (zwischen 399 und 412), Song

Yun (zwischen 518 und 521) und Xuanzang (zwischen 629 und 645) haben Indien bereist und dabei Beobachtungen gemacht, die für den Verlauf und die Ausdehnung der Hunnenherrschaft in diesem Raum ebenso aussagekräftig sein können wie Inschriften und Herrschersiegel, die in den zurückliegenden Jahrzehnten dort bei Ausgrabungen entdeckt worden sind.

In jüngster Zeit hat man immer wieder versucht, die Ergebnisse der Numismatik mit denen der Schriftzeugnisse in Übereinstimmung zu bringen. Die Diskussion ist begreiflicherweise immer noch im Fluß, doch kann man bei aller Einschränkung die vorläufigen Ergebnisse wie folgt skizzieren: Schon um 350 n. Chr. wurde das persische Sāsānidenreich mit «hunnischen» Invasoren konfrontiert. Zum Teil gelang es König Šābuhr II. in der Folge, diese zu neutralisieren – die Tatsache, daß ihn die Chioniten unter Grumbates im Jahre 359 im Kampf gegen die Römer unterstützten, ist ein Beleg dafür. Vielfach gelang dies aber auch nicht: In den folgenden Jahrzehnten werden wir in den entfernteren Teilen von Šābuhrs Reich Zeugen einer schrittweisen Destabilisierung der Perserherrschaft. Das sogenannte Kušāno-Sāsānidische Reich, eine Sekundogenitur der Sāsāniden, fällt bis zum Ende des 4. Jahrhunderts n. Chr. eingedrungenen Reiternomaden zum Opfer, wobei diese die Münzprägung und andere Ausdrucksmittel der Macht, die sie nördlich und südlich des Hindukusch kennenlernten, übernahmen.

Es ist in unserem Zusammenhang von eher untergeordneter Bedeutung, ob die Invasoren Zentralasiens, die Šābuhr II. und seinen Nachfolgern das Leben schwermachten, nun Chioniten oder Kidāriten, die Göblschen Alχon oder bereits die Hephthaliten waren. Entscheidend ist, daß sich reiternomadische, im Quellenmaterial wie in der Forschungsliteratur gleichermaßen als «Hunnen» bezeichnete Einheiten seit der zweiten Hälfte des 4. Jahrhunderts n. Chr. im Bereich der heutigen Staaten Usbekistan, Afghanistan und Pakistan dauerhaft festzusetzen vermochten. Das bedeutet nicht, daß sich ihre Herrschaftsbildungen im einzelnen durch große Stabilität ausgezeichnet hätten. Das Reich der Kidāriten zum Beispiel, das sich seit den ersten Jahrzehnten des 5. Jahrhunderts, von Baktrien ausgehend, rasch in

alle Richtungen ausgedehnt hatte und unter seinem König Kunchas um 465 n. Chr. noch der Schrecken der Sāsāniden gewesen
war, hatte wenige Jahre später seine überregionale Bedeutung
nahezu völlig eingebüßt. Aber an seine Stelle traten dann eben
andere, neue «hunnische» Machtbildungen. Das Potential zur
steten Erneuerung der einmal in Gang gesetzten kriegerischen
Dynamik war in jenen Jahrzehnten an der Peripherie der zentralasiatischen Kulturzone nahezu unerschöpflich.

3. Die Hunnen in Nordwestindien

Als ein Ereignis von besonderer Tragweite sollte sich erweisen,
daß es hunnischen Gruppen schließlich gelang, sich in Nordwestindien festzusetzen und dort einen Herrschaftsbereich von
einiger Dauerhaftigkeit zu etablieren. Je nachdem, welcher
Chronologie man folgt, geschah dies schon vor 450 oder erst
unmittelbar vor 477 n. Chr. Schon die Kidāriten hatten sich seinerzeit der Durchgangslandschaft Gandhāra beiderseits des
heutigen Kābulflusses bemächtigt; es war ihnen gelungen, den
Khyber-Paß zu überschreiten und sich dadurch den Weg in das
obere Industal zu erschließen. Aber erst die auf sie folgende,
nächste Welle hunnischer Invasoren – bei Göbl heißen sie Alχon,
viele andere Forscher nennen sie jedoch bereits Hephthaliten –
legte den Schwerpunkt ihrer Herrschaftsbildung ganz nach
Nordwestindien. Unsere Quellen erlauben es uns, die Abfolge
einer ganzen Dynastie nachzuzeichnen: Es handelt sich um die
Könige Khiṅgila, Toramāṇa und Mihirakula. In den Jahrzehnten vor und nach 500 n. Chr. konnten sie phasenweise ihren
Einfluß, von Gandhāra und dem westlichen Punjab ausgehend,
bis nach Kashmir, Gujarat, Madhya Pradesh und vielleicht sogar Bihar ausdehnen und avancierten so zum Hauptgegner der
indischen Gupta-Könige.

  Die indische und chinesische Überlieferung hebt die Grau-
samkeit und Zerstörungswut der im allgemeinen *Hūṇās* genannten Eindringlinge hervor. Insbesondere deren letzter König
Mihirakula habe gegen die buddhistischen Klöster gewütet und
sich auch sonst als schreckenerregender Zwingherr erwiesen. Es

ist insofern nicht verwunderlich, daß die frühere Forschung in der Präsenz der Hunnen in Nordwestindien eine wesentliche Ursache für die Krise und den Niedergang des Gupta-Reiches im Verlaufe des 6. Jahrhunderts n. Chr. gesehen hat. Zuletzt hat man diesbezüglich freilich vorsichtiger geurteilt: Der Niedergang der altindischen Stadtkultur im Nordwesten des Subkontinents scheint, nicht zuletzt im Lichte der jüngsten archäologischen Ausgrabungen, schon vor dem Auftauchen der Hunnen eingesetzt zu haben.

Andererseits ist es richtig, daß die kriegerische Auseinandersetzung mit den Reiternomaden eine schwere Herausforderung für die Gupta-Herrscher darstellte. Es gelang ihnen zwar immer wieder, das Vordringen der *Hūṇās* einzudämmen und ihnen sogar empfindliche Niederlagen beizubringen, doch zugleich trugen diese Kriegszüge dazu bei, daß sich die politischen wie materiellen Reserven ihres Reiches aufgrund permanenter Überbeanspruchung sichtbar erschöpften. Die Regierungspraxis der Gupta-Könige hatte sich ursprünglich ja gerade nicht durch eine zentralistische Organisation ihres Machtbereiches in Nordindien ausgezeichnet, vielmehr suchte sie einen Ausgleich zu ermöglichen zwischen den Interessen des in der mittleren Gangesebene gelegenen Zentrums der Gupta einerseits und denen der regionalen, ihnen untergeordneten Fürstentümer andererseits. Die jahrzehntelange Bedrohung durch die Hunnen mag – neben anderen, hausgemachten Problemen – dazu beigetragen haben, daß dieses auf lokale und regionale Gegebenheiten flexibel antwortende Konzept schrittweise an Funktionsfähigkeit und Integrationskraft einbüßte. So gelang es zwar um 540 n. Chr. endlich, den *Hūṇa*-König Mihirakula definitiv zu besiegen und an die Peripherie Indiens zu vertreiben, doch nahezu zeitgleich fand eben auch das Goldene Zeitalter der Gupta-Herrscher sein Ende.

4. Die Hephthaliten in Zentralasien

Die letzte bedeutende Machtbildung der Hunnen in Zentralasien war die der Hephthaliten oder «Weißen Hunnen». Göbl zufolge, der sie als «Echte Hephthaliten» bezeichnet, stellten sie die vierte Invasionswelle der Hunnen in diesen Raum dar. Die Gebirgsbarriere des Hindukusch haben sie im Gegensatz zu den ihnen vorausgehenden reiternomadischen Gruppen seiner Meinung nach nicht mehr überschritten, sondern von Baktrien ausgehend ihr Reich errichtet. Das Wort «Hephthaliten» ist in der Antike wie in der Moderne immer wieder zur Bezeichnung der unterschiedlichsten reiternomadischen Einheiten und Machtbildungen verwendet worden, so daß man davon sprechen kann, daß die Problematik der Gültigkeit des Hunnennamens im allgemeinen ebenso für den Namen «Hephthaliten» im speziellen gilt.

Wann genau die Hephthaliten in Baktrien auftauchten – ob schon zu Beginn des 5. Jahrhunderts oder erst später – ist umstritten. Hier jedenfalls scheint das Kerngebiet ihres Herrschaftsbereichs gewesen zu sein. Die Hephthaliten breiteten sich im 5. Jahrhundert n. Chr. zuerst auf Kosten der Kidāriten in Zentralasien aus; in der Regierungszeit der Sāsānidenkönige Yazdgird II. und Pērōz jedoch stellten sie bereits eine tödliche Gefahr für das Perserreich dar. Im Jahre 484 n. Chr. errangen sie einen entscheidenden Sieg über den zuletzt Genannten und töten ihn im Kampf. Diese Katastrophe hatte zur Folge, daß auch die Politik von Pērōz' Sohn, Kavād I., durch die Auseinandersetzung mit und die Abhängigkeit von der Macht der Hephthaliten in vielfacher Weise bestimmt worden ist. Das durch die außenpolitischen Mißerfolge diskreditierte sāsānidische Königtum hat er nur mühsam und unter Aufbietung all seiner Kräfte gegenüber dem eigene Interessen verfolgenden persischen Adel wieder zur Geltung bringen können. Dabei war Kavād augenscheinlich jedes Mittel recht: Auch die Waffenhilfe der Hephthaliten hat er 499 n. Chr. in Anspruch genommen, um, nachdem er vorübergehend entthront worden war, sein Reich zurückzuerobern.

Es sollte Kavāds Sohn, Xusrō I. Anōširvān, vorbehalten bleiben, die innen- und außenpolitischen Früchte der hartnäckig von seinem Vater verfolgten Politik zu ernten. Nicht nur, daß es dem König gelang, die Position der Sāsānidendynastie im Innern des Reichs gegen die Adelsopposition wieder entscheidend

zu stärken; auch außenpolitisch war Xusrō höchst aktiv: Um
560 n. Chr. schloß er mit dem westtürkischen Khagan Istämi ein
Bündnis gegen die Hephthaliten, und kurz darauf gelang es tatsächlich, sie mit vereinten Kräften zu schlagen. Ihr Reich wurde
zwischen Persern und Türken entlang des Āmū-daryā aufgeteilt.
Zwar existierten auch nach diesem Zeitpunkt, zum Beispiel
nördlich des Hindukusch im heutigen Kundūztal, noch verschiedene hephthalitische Herrschaftsbildungen, doch einen
Großmachtstatus wie einst nach der Überwindung und Tötung
des Pērōz 484 n. Chr. konnten diese nicht mehr erlangen. Zu
dem Zeitpunkt, als die islamischen Heere nach Zentralasien
eindrangen, waren die *Hayāṭila*, wie die Araber sie nannten,
freilich noch immer eine wegen ihrer Wehrhaftigkeit stets zu be-
rücksichtigende Größe. Es dauerte einige Zeit, bis ihr Widerstandsgeist gebrochen war. Die letzte hephthalitische Gesandtschaft nach China ist für das Jahr 748 n. Chr. bezeugt.

5. Die Hephthaliten
als Teil der zentralasiatischen Staatenwelt

Das Reich der Hephthaliten in Zentralasien ist ein gutes Beispiel
für die Chancen und Gefahren, die reiternomadische Gruppen
erwarteten, wenn sie sich an der Peripherie der agrarischen Kulturzone festsetzten. Bereits in den Flußoasen Baktriens wurden
die Eindringlinge mit den Errungenschaften der zentralasiatischen iranischen Stadtkultur konfrontiert. Es war ein wichtiger
Schritt, daß sie sich auf diese Form der Organisation menschlichen Zusammenlebens einließen und mit ihr umzugehen lern-
ten. Schon die Vorgänger der Hephthaliten, die Kidāriten, hatten diesen Weg eingeschlagen; als Erben des Kušāno-Sāsānidischen Reiches scheinen sie sogar ausdrücklich das Städtewesen
gefördert zu haben. Im Verlauf des Kampfes gegen die Sāsāniden wird als einer ihrer Rückzugspunkte ausdrücklich eine Stadt
Balaam genannt (vielleicht Baktra/Balx, die Hauptstadt des antiken Baktrien), «*ihre* Stadt», wie der Historiker Priskos ausdrücklich sagt (Priskos frg. 51,1 Blockley, 16–22).
    Die Annäherung an die städtische Hochkultur erlaubte es den

Kidāriten und Hephthaliten, ihre Herrschaft fester zu gründen, aber auch Akzeptanz unter den Seßhaften zu finden und Vertrauen unter ihnen zu schaffen. Das war keinesfalls selbstverständlich: Als der chinesische Pilgermönch Song Yun im Jahre 519 n. Chr. dem König Mihirakula gegenübertrat, geschah dies nicht etwa im Palast einer Stadt, sondern in einem Zelt auf freier Fläche (Beal, S. 184–186). Selbst wenn dieser Auftritt des Hunnenherrschers nur Bestandteil seiner Selbstinszenierung in diesem Moment gewesen sein sollte, so läßt er doch die Barriere erkennen, die zwischen den Nichtseßhaften und den Seßhaften auch noch Jahrzehnte nach dem Eindringen von Reiternomaden in die agrarische Kulturzone – zumindest symbolhaft – existieren konnte. Das letztendliche Scheitern der *Hūṇās* in Nordwestindien mag hiermit ursächlich zusammenhängen. Denn offensichtlich genügte es nicht, die äußeren Machtattribute der Gupta-Herrscher, zum Beispiel in Titulatur und Münzprägung, zu übernehmen. Um langfristig in der neuen Umgebung Erfolg zu haben, bedurfte es einer Umgestaltung der reiternomadischen Gemeinschaften selbst, und zwar von innen her – durch die Anpassung ihrer Führungsschichten an die kulturellen und politischen Traditionen der agrarischen Kulturzone.

Die Hephthaliten in Zentralasien haben diesen Weg verfolgt und sich an ihre iranischen Partner und Kontrahenten angepaßt: Sie bekämpften zwar anfangs die Sāsānidenkönige, akzeptierten aber in der Folge deren politische Spielregeln und gingen dazu über, sie durch Tribute, Heiratsbeziehungen und militärische Hilfeleistungen von sich abhängig zu machen. Soweit man das heute sehen kann, adaptierten sie auch Elemente der iranischen Lebensweise, Religion und Kultur. Die gängige Verwaltungspraxis übernahmen sie und führten sie fort; in baktrischen Dokumenten sind sie denn auch in der Form *ēbodalo (Ēvdal)* bezeugt. So kommt es, daß die Hephthaliten dem oströmischen Autor Prokop um die Mitte des 6. Jahrhunderts n. Chr. nicht mehr als «echte» Hunnen erschienen, sondern als wohlgeordnetes, sozial differenziertes, politisch kalkulierbares Gemeinwesen, ähnlich wie das der Perser oder Römer.

Das politische Umfeld der Hunnen in Europa
im 4. und 5. Jahrhundert n. Chr.

I. Das Römische Reich der Spätantike:
Partner und Gegenspieler der Hunnen in Europa

Wir haben in den vorausgehenden Kapiteln gesehen, wie die Art und Weise, in der die agrarische Kulturzone an den Grenzen zum eurasischen Grasland politisch organisiert und gesellschaftlich strukturiert war, auf die reiternomadischen Gemeinschaften, die mit ihr in Kontakt gerieten, zurückwirkte. Je nachdem, ob die Hunnen im zentralasiatischen oder nordwestindischen Raum operierten, konnten so ganz verschiedene, dauerhafte oder auch ephemere Machtbildungen entstehen. Bevor wir uns deshalb nun den Hunnen in Europa zuwenden, muß gefragt werden, wer denn ihr Partner bzw. Gegenspieler in diesem Raum war und welcher Art die Prägung gewesen ist, die sie durch ihn erfuhren. Es handelt sich dabei um das Römische Reich der Spätantike.

Man hat, durchaus noch bis ins 20. Jahrhundert hinein, die Geschichte des spätrömischen Reiches in erster Linie von ihrem Ende her interpretiert. Der «Zerfall» des Imperiums im Gefolge der Völkerwanderung, als «junge Völker» aus dem Norden der «morsch» und «dekadent» gewordenen, «überzüchteten» Gesellschaft des Mittelmeerraums den Todesstoß versetzten – das ist das Bild, das gerade in Deutschland lange Zeit tradiert worden ist und das, etwa durch die historischen Romane Felix Dahns, auch eine gewisse, über das Ende des wilhelminischen Reiches hinaus wirksame Popularität gewonnen hat. Die Rolle der Hunnen bei diesem schaurig-schönen Szenario bestand allenfalls darin, den Stein darzustellen, der, einmal ins Rollen gekommen, den Koloß auf tönernen Füßen zum Einsturz gebracht hatte. Im Grunde genommen handelt es sich bei diesem Gedankengut um eine säkularisierte Form apokalyptischer Vorstellungen, wie sie schon in der Spätantike – siehe unser Eingangskapitel –

formuliert worden sind. Die Hunnen waren nun eben nicht mehr die Geißel Gottes oder die Künder des Jüngsten Tages, sondern sozusagen eine Funktion des Weltgeistes im Hegelschen Sinne.

Natürlich hat man sich von den soeben skizzierten Vorstellungen, zumal unter dem Eindruck der Erfahrungen mit den Nationalismen des 20. Jahrhunderts, längst verabschiedet. Die jüngere Forschung achtet die Eigenständigkeit der Spätantike als historische Epoche und betrachtet die *Transformation of the Roman World* – so der Titel einer in den 1990er Jahren initiierten wissenschaftlichen Buchreihe – nicht mehr nur als eine Geschichte des «Verfalls», sondern auch des konstruktiven Neubeginns; sie sieht darin die Entwicklung neuartiger Lebensmodelle, die auf die Gegebenheiten ihrer Zeit offensichtlich die richtige, da langfristigen Erfolg bringende Antwort darstellten. In diesen Zusammenhang muß auch die Geschichte der europäischen Hunnen während des 4. und 5. Jahrhunderts n. Chr. gestellt werden: Inwiefern war das hunnische Lebensmodell während der Spätantike gegenüber anderen konkurrenzfähig? Worin bestand die «hunnische Alternative» (Herwig Wolfram) überhaupt, und konnte sie die ihr Folgenden in eine wie auch immer geartete frühmittelalterliche Zukunft führen oder nicht?

Das Römische Reich der Spätantike war für die Hunnen, aber auch für alle anderen barbarischen Einheiten jenseits von Rhein und Donau der entscheidende Bezugspunkt ihres Handelns. Sie wandten sich dem Imperium zu, nicht weil es ihnen marode und dem Verfall preisgegeben erschien, sondern im Gegenteil, weil sie seinen Reichtum und seine kulturelle Ausstrahlungskraft erkannten. In der Regel wollten barbarische Anführer das Reich gerade nicht zerstören, sie wollten lediglich Anteil an ihm und seinen Ressourcen haben, wollten integriert werden in die militärischen und administrativen Strukturen, die es ihnen und ihrer Gruppe ermöglichten, sich einen Bruchteil der Überschüsse zu sichern, die die spätantike mediterrane Welt alljährlich aufs neue erwirtschaftete.

Es ist freilich so, daß bestimmte Entwicklungen, die das Imperium seit dem Beginn des 4., teilweise schon seit dem 3. Jahr-

hundert n. Chr. vollzogen hatte, das angedeutete Bestreben der
Barbaren noch begünstigte. Dazu gehört, daß die Einheit des
Römischen Reiches in dieser Zeit zunehmend aufgelockert wurde; schon um 300 n. Chr. existierten mehrere *Augusti* und *Cae-
sares* nebeneinander. Dieser Trend zum Mehrkaisertum, der
nach dem Tode Theodosius' des Großen im Jahre 395, wie sich
zeigen sollte, nicht mehr rückgängig gemacht werden konnte,
war ursprünglich aus der richtigen Einsicht heraus entstanden,
daß die Erfordernisse des Reiches in den unterschiedlichen Regionen und Grenzgebieten verschieden waren und deshalb mehr
als nur eines Verantwortlichen bedurften, der zudem stets vor
Ort präsent zu sein hatte. Doch zeigte sich im Verlauf des 4. und
erst recht des 5. Jahrhunderts, daß die politische Teilung des
Reiches auch wirtschaftliche und kulturelle Konsequenzen hatte, die die Einheit des Mittelmeerraums als solche beeinträchtig-
ten. Sei es im Bereich des Verhältnisses zwischen Militär- und
Zivilgewalt, im Bereich der wirtschaftlichen Leistungsfähigkeit
oder im Ringen um das rechte Dogma im nun christlich gewordenen Reich: Überall tat sich eine manchmal mehr, manchmal
weniger spürbare Kluft auf zwischen West und Ost, die es barbarischen Anführern erleichterte, Anlässe für ein Eindringen in
das Reich zu finden und dort Einfluß zu nehmen. Als die Hunnen nach 400 begannen, organisiert Druck auf das Imperium
auszuüben, errichteten sie einen Schwerpunkt ihrer Machtbildung in der Großen Ungarischen Tiefebene jenseits der Donau,
genau gegenüber der Nahtstelle, die die west- und die oströmische Sphäre voneinander schied. Es war der optimale Ausgangspunkt, um im Fall des Falles schnell und flexibel eine größtmög-
liche Wirkung zu entfalten.

2. Die gentilen Königreiche der Germanen:
ein Lebensmodell auch für die Hunnen?

Jahrhundertelang hatten die römischen Kaiser an Donau und
Rhein Erfahrungen mit Barbaren germanischer und anderer
Provenienz sammeln können. Es handelte sich in erster Linie
um kleinere oder größere ackerbautreibende Gemeinschaften,

mit denen die Römer konfrontiert waren, doch gab es auch Barbaren, die einer (halb-)nomadischen Lebensweise folgten, zum Beispiel die Alanen, die Roxolanen und die Jazygen. Sie zählten zum großen, iranischsprachigen Kulturkreis der Sarmaten, der bis ins 4. Jahrhundert n. Chr. die Graslandzone der Ukraine und ihre Ausläufer nach Ost- und Mitteleuropa hinein, die rumänische Walachei und die ungarische Puszta, dominiert hat. Kaiserzeitlichen Autoren, die an Herodot geschult waren, konnten sie – wie später auch die Hunnen – aufgrund ihrer charakteristischen Lebensweise als «Skythen» erscheinen.

Im Verlaufe des 3. Jahrhunderts n. Chr. formierten sich an Rhein und Donau barbarische Einheiten, die die frühkaiserzeitlichen an Größe und Gefährlichkeit bei weitem übertrafen. Ihr Kern waren Personenverbände, die sich um einen Gefolgschaftsführer, einen Heerkönig, versammelten und dadurch ihre Schlagkraft beim Durchsetzen ihrer Interessen zu potenzieren versuchten. Diese Personenverbände waren durchaus uneinheitlich in ihrer Zusammensetzung; nichts wäre falscher, als in den Goten, Alamannen und Franken dieser Zeit ethnisch homogene Einheiten zu sehen, die auf einer wie auch immer zu denkenden, in die Tiefen der Vergangenheit hinabreichenden Abstammungsgemeinschaft beruht hätten. Die Forschung der jüngeren Zeit ist deshalb in Anlehnung an die Terminologie von Reinhard Wenskus dazu übergegangen, nicht mehr wie früher von germanischen «Völkern» und «Stämmen» zu sprechen, sondern von «gentilen Einheiten», «gentilen Reichen» oder schlicht *gentes*; das zugrundeliegende lateinische Wort lautet *gens* (*gentis* f.) und läßt sich vielleicht am ehesten mit «Sippe» oder «Familienverband» übersetzen.

Die Ursache für den im Grunde instabilen, fluktuierenden Charakter vieler *gentes* war, daß die Kohärenz der *um einen Gefolgschaftsführer versammelten Gruppe* stark von dessen Erfolg als Heerkönig abhing. Es war keineswegs selbstverständlich, über längere Zeit hinweg eine derartige kriegerische Interessengemeinschaft zusammenhalten zu können, und häufig erfahren wir auch vom Scheitern und vom raschen Zerfall gentiler Machtbildungen in der spätantiken Geschichte. Daß es einzelnen Heerkönigen dennoch gelang, politisch-militärische Einheiten von Dauer zu stiften, lag offensichtlich daran, daß sie über ein Identifikationsangebot verfügten, das über das aktuelle kriegerische Interesse hinausreichte. Man spricht in diesem Zusammenhang von einem sogenannten «Traditionskern», einem Fundus an Überlieferungen, Institutionen, sozialen, rechtlichen und kultischen Praktiken, der vom Heerkönig und seinen engsten Gefolgsleuten verkörpert und von neu Hinzukommenden als verbindlich akzeptiert wurde. Darin lag dann das «Gotische» der Goten und das «Fränkische» der Franken in der Spätantike, ungeachtet dessen, daß so manches Mitglied der *gens* vielleicht aus einer Provinz des Römischen Reiches stammte oder gar Reiternomaden aus dem nördlichen Schwarzmeerraum zu seinen Vorfahren zählte.

Die Formierung gentiler Machtbildungen jenseits von Rhein und Donau war keineswegs ein Vorgang, der seine Wirkung allein in der barbarischen Sphäre entfaltete. Im Gegenteil, die römischen Kaiser beobachteten das Geschehen sehr aufmerksam, sie förderten oder störten es, ganz nach den machtpolitischen Interessen ihres Imperiums. Man hat gar behaupten können, die barbarische Welt der *gentes* sei vielleicht die größte und dauerhafteste Schöpfung des römischen Genius überhaupt gewesen. Daran ist zumindest soviel richtig, daß in der Tat das Imperium nicht bloßes Opfer der skizzierten Prozesse gewesen ist, sondern ihr bewußter (Mit-)Gestalter. Durch die Verleihung von Königstiteln und Militärrängen stärkten die römischen Kaiser das Renommee von Heerkönigen, die ihnen unterstützenswert erschienen. Durch die Bereitstellung von Land, Geld und Naturalien förderten sie gentile Machtbildungen ebenso, wie sie andere durch den Entzug von Subsidien und Nahrungsmittellieferungen zu disziplinieren oder sie gar durch wohlvorbereitete, häufig lokal und zeitlich begrenzte Feldzüge zu zerschlagen versuchten. Ein beträchtlicher Teil des barbarischen Aggressionspotentials wurde auf diese Weise neutralisiert, kanalisiert oder abgeschöpft. Denn viele Krieger jenseits von Rhein und Donau schlossen sich nicht irgendeiner gentilen Machtbildung an, sondern traten in die Dienste des Kaisers. Selten waren die Möglichkeiten des Aufstiegs im militärischen Sektor für Barbaren so gut wie seit konstantinischer Zeit. Sowohl in den unteren Rängen als auch in der höchsten Generalität finden wir seit der ersten Hälfte des 4. Jahrhunderts n. Chr. unzählige Männer «nicht-römischer» Herkunft. Doch was die moderne Forschung als «Barbarisierung» des römischen Heeres beklagt, scheint für die zeitgenössischen Entscheidungsträger kein prinzipielles, Grundüberzeugungen berührendes Problem gewesen zu sein.

Man hat in der Barbarisierung des militärischen Sektors einen wesentlichen Grund für die ernsten Probleme ausmachen wollen, die das Römische Reich zum Ende des 4. Jahrhunderts n. Chr. hin erschütterten. In der Tat konnte der einmal beschrittene Weg nicht mehr verlassen werden. Der Vertrag, den Kaiser Theodosius der Große im Jahre 382 mit den in die Balkanprovinzen eingedrungenen Goten vereinbarte, erlaubte es ihnen, sich geschlossen auf Reichsboden anzusiedeln und im Krieg ihrer Pflicht zur Heeresfolge unter eigenen Anführern – wenn auch unter dem formellen Oberkommando eines römischen Generals – nachzukommen. Schon wenige Jahre später vermochte Alarich diese günstige Ausgangsposition durch kluges Ausnutzen der sich ihm bietenden Möglichkeiten konsequent auszubauen; er verfügte dabei über eine zweifache Legitimation, als gentiler Heerkönig und als römischer Heermeister.

Vielleicht ist es im Kern weniger das Moment der Barbarisierung des römischen Heeres an sich, das dem römischen Staat Probleme aufgebürdet hat, die er langfristig nicht zu lösen vermochte. Vielleicht ist überhaupt die Entwicklung des militärischen Sektors nicht allein dafür verantwortlich. An allen Stellen des spätantiken Imperiums hatten sich seit dem Beginn des 4. Jahrhunderts n. Chr. intermediäre Strukturen (Zwischenstrukturen) entwickelt oder verfestigt, die den Zugriff der im Vergleich zu früher monströs aufgeblähten Bürokratie auf die Reichsbevölkerung konterkarierten. Die Verleihung richterlicher Befugnisse an die christlichen Bischöfe, die Ausgliederung ganzer ländlicher Bezirke aus der staatlichen Besteuerung als Folge des adeligen Patronatswesens, die Schaffung von Privatarmeen in Gestalt der Buccellarier – all das waren Anzeichen

dafür, daß der Einfluß des spätantiken Staates auf bestimmte
Bereiche der zivilen und militärischen Ordnung in gewisser
Weise schwand. Gewiß hatte sich der Staat auch in der frühen
Kaiserzeit schon in den Städten und Provinzen verwurzelter
Personen und Institutionen bedient, um seine Aufgaben effekti-
ver und kostenschonender ausüben zu können, doch in der Spätantike mündete dies offensichtlich in eine Eigendynamik, die
niemand vorhergesehen oder gar beabsichtigt hatte. Vor allem
im militärischen Sektor mußte es Folgen haben, wenn – wie im
Falle des Aëtius und Aegidius im 5. Jahrhundert n. Chr. – das
Regionalkommando eines Heermeisters sich immer mehr ver-
selbständigte, oder wenn – wie bei den Goten nach 395 – eine
geschlossene, vertraglich zum Militärdienst verpflichtete Barba-
rengruppe in Bewegung geriet und gleichsam zu einem «wan-
dernden Heer» innerhalb des Reiches mutierte.

Die Hunnen in Europa

In der Überschrift des vorigen Kapitels war die Frage gestellt worden, ob die gentilen Königreiche der Germanen ein Organisations- und Lebensmodell auch für die Hunnen dargestellt haben könnten. In der Tat ist dies ein Punkt, der im folgenden bei der Schilderung der Ereignisgeschichte im Vordergrund zu stehen hat. Wie reagierten die Hunnen auf die Staatenwelt, mit der sie in Europa in den Jahren nach etwa 375 n. Chr. Bekanntschaft machten? Beschritten sie einen wie auch immer gearteten Weg der Integration ins Römische Reich? Dieser Weg hätte nach den Maßgaben des 4. und 5. Jahrhunderts nur über die Schaffung einer gentilen Machtbildung führen können. Oder stellten sie tatsächlich nur den Stein dar, der, einmal ins Rollen gebracht, das labile, aber aufgrund von generationenlanger politischer Erfahrung mehr oder weniger im Gleichgewicht gehaltene römisch-germanische Staatensystem zum Einsturz bringen sollte? In der Tat scheint für die Beobachter des ausgehenden 4. Jahrhunderts zunächst der letztere Eindruck vorherrschend gewesen zu sein. Die Erfahrung des Ammianus Marcellinus und seiner Zeitgenossen war eine Erfahrung des Schreckens und der – wie es schien – reinen Destruktion.

I. Das Vordringen der Hunnen in den nördlichen Schwarzmeer- und den Donauraum (um 370 bis um 395 n. Chr.)

In der Spätantike kursierten unterschiedliche Geschichten, die das plötzliche Auftreten der Hunnen im nördlichen Schwarzmeerraum mit Hilfe mythischer Bilder erklären sollten. Römische Autoren – unser frühester Zeuge ist Eunapios von Sardeis um 400 n. Chr. – verbreiteten die Überlieferung, eine Hirschkuh habe jagenden Hunnen einst den Weg gezeigt, der vom nörd-

lichen Kaukasusvorland über die Straße von Kerč auf die Halb-
insel Krim führt (Eunapios frg. 41 Blockley; vgl. Zosimos
4,20,3). Das Motiv des wegweisenden Tieres ist in Eurasien
weit verbreitet und paßt somit gut in die Lebenswelt der Hunnen in der zweiten Hälfte des 4. Jahrhunderts n. Chr., freilich
auch in die ihrer damaligen Gegner, der Alanen und Goten.
Letztere erzählten sich übrigens auch, die Hunnen seien die
Nachkommen von Hexen gewesen, die sie einst aus ihrer Ge-
meinschaft vertrieben hätten. Diese *haliurunnae*, wie sie auf go-
tisch heißen, hätten sich in der Steppe mit unreinen Geistern
gepaart, und die Frucht dieser Verbindung seien dann eben die
Hunnen gewesen (Jordanes, *Getica* 121 f.). Auch christliche
Autoren der Zeit, zum Beispiel der Kirchenvater Hieronymus,
hatten eine Erklärung für das Unvorhergesehene parat: Alexan-
der der Große (336 bis 323 v. Chr.) höchstpersönlich habe die
Hunnen zwischen den Bergen des Kaukasus einst eingeschlos-
sen; jetzt habe Gott selbst sie befreit, um die sündige Mensch-
heit zu strafen (Hieronymus, *Epistulae* 77,8,1 Hilberg).

Gleichwie man sich auch das Auftreten der Hunnen erklärte,
im letzten Viertel des 4. Jahrhunderts n. Chr. waren sie auf jeden
Fall zu einer wahrnehmbaren Größe in dem politischen Kräftespiel geworden, das die Regionen an der mittleren und unteren
Donau sowie im nördlichen Schwarzmeerraum bestimmte. Der
Prozeß, wie es dazu gekommen ist, ist nicht einfach nachzuzeichnen. Unsere Hauptgewährsleute, Ammianus Marcellinus
und Jordanes, verfügten nur über wenige, in ihrer Qualität mitunter schwer einzuschätzende Informationen hinsichtlich der
Ereignisse, die sich in den 370er Jahren fern der Reichsgrenze
abspielten. Sie verfolgten auch durchaus eigene Darstellungs-
absichten: Ammian komponierte sein 31. Buch auf das spek-
takuläre Scheitern des Kaisers Valens hin, der in der Schlacht
bei Adrianopel 378 n. Chr. den Tod fand. Jordanes bastelte
an einer ruhmreichen Frühgeschichte des ostgotischen Amaler-
geschlechts. Für beide Autoren hatte das, was sich in den 370er
Jahren nördlich des Schwarzen Meeres vollzog, kein Eigenge-
wicht; es stand nicht im Mittelpunkt ihres darstellerischen In-
teresses.

Der Bischof Ambrosius von Mailand schrieb, wohl im Jahre 390 n. Chr.: «Die Hunnen haben sich auf die Alanen geworfen, die Alanen auf die Goten und die Goten auf die Taifalen und Sarmaten; die Goten, aus ihrem eigenen Land vertrieben, haben uns aus Illyricum vertrieben, und ein Ende ist noch nicht abzusehen.» (Ambrosius, *Expositio in Lucam* 10,10) Der dynamische Eindruck, der durch dieses und andere Zeugnisse entsteht, täuscht darüber hinweg, daß die Destabilisierung des nördlichen Schwarzmeergebiets durch die Hunnen wahrscheinlich das Resultat jahrelanger wechselvoller Kämpfe gewesen ist. Schon bei den Friedensverhandlungen mit Kaiser Jovian im Jahre 363 n. Chr. soll der Sāsānidenkönig Šābuhr II. die Sicherung der sogenannten Kaukasischen Tore (heute der Paß von Dariali) auf die Tagesordnung gebracht haben, weil er sich wegen der sowohl Römern als auch Persern «unbekannten» Barbaren nördlich davon sorgte (Johannes Lydos, *De magistratibus* 3,52). Es könnte sich bei ihnen schon um die späteren europäischen Hunnen gehandelt haben. Da ihnen in der Folge der Weg nach Vorderasien durch sāsānidische Befestigungen versperrt blieb, zogen sie eben nach Nordwesten. Schon Ende der 360er Jahre kann der Krieg zwischen den Hunnen und den Alanen begonnen haben. Er entwickelte zunehmend eine Eigendynamik, mit der niemand hatte rechnen können. Bis etwa 370 n. Chr. brachen die Hunnen den Widerstand der Alanen und standen am Don, an der Grenze zum Machtbereich des Greutungenkönigs Ermanarich. Dieser hatte in den vergangenen Jahrzehnten von seinem Zentrum am mittleren Dnepr aus ein gotisches «Reich» von riesenhaften Ausmaßen geschaffen. Selbst wenn es Legende oder schiere Übertreibung unserer Quellen sein sollte, daß Ermanarichs Einfluß noch im Baltikum, an Wolga und Kama, und selbst im goldreichen Uralgebirge spürbar war, so stellte seine Machtbildung doch etwas Außergewöhnliches dar; die Verwunderung der Zeitgenossen über den doch relativ plötzlichen Zusammenbruch der Greutungenherrschaft in der Ukraine und Rußland ist in unseren Quellen noch allgegenwärtig.

Auch die Niederringung Ermanarichs durch die Hunnen brauchte ihre Zeit. Als der betagte König einsah, daß alles Mühen vergeblich war, hoffte er durch den eigenen rituellen Freitod die Hilfe der Götter erzwingen und so seinem Volk einen letzten Dienst erweisen zu können; doch auch diese Verzweiflungstat änderte nichts an der Überlegenheit des Gegners. Daraufhin brach die *gens* der Greutungen auseinander; der größere Teil unterwarf sich den siegreichen Hunnen, der kleinere versuchte unter Vithimir, einem Angehörigen der Königssippe, weiter Widerstand zu leisten. Erst als auch dieser nach etwa einem Jahr wechselvollen Ringens im Kampf gefallen war, war es mit dem Reich Ermanarichs endgültig vorbei. Der größte Teil der Greutungen lebte fortan unter der Oberherrschaft der Hunnen und leistete ihnen wie die zuvor bezwungenen Alanen getreulich Waffenhilfe. Für die römischen Beobachter verschwanden sie aus diesem Grund für einige Zeit aus dem Blickfeld, doch scheint ihre gentile Identität in den folgenden Jahrzehnten nicht grundsätzlich verlorengegangen zu sein; im 5. Jahrhundert sollte aus ihnen die *gens* der Ostgoten hervorgehen. Deren Anführer Valamir war um 450 n. Chr. einer der engsten Gefolgsleute Attilas, doch noch wichtiger erscheint, daß es ihm gelungen ist, seinem Volk auch nach dem Zerfall der Hunnenmacht eine Überlebensperspektive zu eröffnen.

Spätestens im Jahre 375 n. Chr. muß die vollständige Niederlage der Greutungen gegen die Hunnen offenbar gewesen sein. Flüchtlinge aus der Ukraine ergossen sich in den Bereich der unteren Donau, darunter Viderich, der unmündige Sohn des letzten Greutungenkönigs, der von seinen Heerführern Alatheus und Safrax aus der unmittelbaren Gefahrenzone entfernt wurde. Sie stießen hier ebenfalls auf ein gotisches, wenn auch weitaus kleiner als das des Ermanarich dimensioniertes Reich, dasjenige der Terwingen. Der Augenblick war denkbar ungünstig: Im Jahre 369 n. Chr. hatten die Terwingen unter ihrem *iudex* («Richter») Athanarich einen bewaffneten Konflikt mit dem Römischen Reich nur unter schweren Verlusten beilegen können, und in der Folge war ihre *gens* von schweren inneren Verwerfungen, die in einer grausamen Christenverfolgung gipfelten, heimgesucht worden. Zwar legten die einander gegenüberstehenden Parteien nun angesichts der drohenden Gefahr die

inneren Streitigkeiten bei und unterstellten sich der einheitlichen
Führung Athanarichs, doch als die ersten Verteidigungsmaß-
nahmen gegen die Hunnen kläglich fehlschlugen, brachen die
Gegensätze erneut auf. Es erging der terwingischen *gens* nun
wie zuvor der greutungischen – sie zerbrach. Athanarich zog
sich mit seinen Getreuen zum *Caucalandensis locus* (wohl das
südliche Siebenbürgen) zurück; seine Widersacher Fritigern und
Alaviv nahmen hingegen mit den Römern Fühlung auf. Nach
langwierigen Verhandlungen wurde ihnen im Jahre 376 n. Chr.
erlaubt, die Donau zu überschreiten und sich auf Reichsgebiet
niederzulassen. In der Folge gelang es den im Imperium gestran-
deten Terwingen nicht nur, sich gegenüber Kaiser Valens und
seinen Heermeistern siegreich zu behaupten; im Zuge der Ereignisse, die dem Sieg bei Adrianopel 378 n. Chr. folgten, vermochten sie sogar, aus allerlei gotischen und nichtgotischen Volks-
splittern eine neue *gens* zu formen: die der Westgoten.

　Halten wir an dieser Stelle kurz inne, um das erste Ergebnis
des Eindringens der Hunnen nach Europa festzuhalten: Es besteht darin, daß die gentilen Reiche der Goten, die in der zweiten Hälfte des 4. Jahrhunderts n. Chr. in der Ukraine einerseits
und an der unteren Donau andererseits existierten, zerschlagen
wurden. Der Verlauf einer schrittweisen, durch stete neue Impulse der Hunnen erfolgenden Destabilisierung, den Peter Heather für die römische Welt nach 375 n. Chr. postuliert hat, läßt
sich zunächst einmal viel deutlicher für die damalige gentile
Welt jenseits der Reichsgrenzen konstatieren. Nach der Wende
zum 5. Jahrhundert hören wir nichts mehr von Greutungen oder
Terwingen; dafür bildeten sich in einem komplizierten Prozeß
neuartige gotische Einheiten, die wir heute als Ostgoten und
Westgoten bezeichnen.

　Die Hunnen scheinen in den ersten Jahrzehnten ihres Auftre-
tens in Europa keinerlei einheitliche Führung gehabt zu haben.
Im Zuge der Kämpfe gegen die Greutungen ist bei Jordanes von
einem hunnischen König Balamber die Rede, doch bleibt sein
Auftreten Episode; zeitnahe römische Quellen kennen ihn nicht,
da er – wenn er überhaupt je existierte – offensichtlich fern des
Reiches agiert hat. Wenn in unseren Quellen vor der Wende

zum 5. Jahrhundert von hunnischen Anführern die Rede ist, so werden sie *phýlarchoi* genannt, ein sehr allgemein gehaltener Terminus, der den Befehlshaber einer wie auch immer zusammengesetzten, größeren Gruppe bezeichnet. Darauf, daß es auf seiten der Hunnen in dieser Zeit kein einheitliches, starkes Königtum gegeben haben kann, deuten vielerlei Hinweise. So konnten die Sieger über Alanen, Greutungen und Terwingen offensichtlich nicht verhindern, daß beträchtliche Teile ihrer unterlegenen Gegner in den Jahren nach 375 ihren Machtbereich verließen und – mit oder entgegen der Erlaubnis des Kaisers – ins Römische Reich flüchteten. Der Gote Alatheus und der Alane Safrax verschafften auf diese Weise im Jahre 380 der von ihnen angeführten greutungischen Gruppe eine neue Heimat in der Provinz *Pannonia II* beiderseits der Save. Andere Barbaren hatten freilich weniger Glück: Eine von einem gewissen Odotheus angeführte Gruppe greutungischer Eindringlinge wurde 386 n. Chr. von den Römern südlich der Donau besiegt und als einheitlich agierende Gruppe zerschlagen. Ihre Reste finden sich später als Bauern in Kleinasien wieder. Ähnlich erging es fünf Jahre zuvor skirischen und karpodakischen Flüchtlingen, die die Donau überschritten hatten; sie wurden sogar von den Römern über die Flußgrenze hinweg ins Barbarikum zurückgetrieben.

Aufschlußreich ist im übrigen, daß in all diesen Gruppen der 370er und 380er Jahre n. Chr. auch hunnische Krieger mitritten. Schon der greutungische Prätendent Vithimir hatte nach dem Tode Ermanarichs den Widerstand nicht zuletzt mit hunnischen Kräften, die auf seine Seite übergetreten waren, fortgesetzt. Die Gruppe, die Alatheus und Safrax in der Zeit danach anführten, bestand laut unseren Quellen ausdrücklich aus Goten, Alanen und Hunnen. Offensichtlich vermochte kein hunnischer *phýlarchos* nördlich der Donau bis etwa 400 n. Chr. eine Herrschaft zu errichten, die *alle* Hunnen, geschweige denn *alle* Barbaren umfaßte. Statt dessen gingen seine potentiellen Gefolgsleute Bindungen ein, die ihnen den meisten Gewinn und die größte Beute versprachen, sei es nun in der gentilen oder in der römischen Welt. Denn auch im Dienste des Kaisers finden wir schon bald hunnische Krieger: Im Jahre 384 n. Chr. gelang es Bauto, dem obersten Heermeister des jugendlichen Kaisers Valentinian II., mit ihrer Hilfe das bayerische Voralpenland von eingedrungenen Juthungen zu säubern. In den Jahren 388 und 394 begleiteten hunnische Reiter Theodosius den Großen auf seinen Feldzügen gegen die weströmischen Usurpatoren Magnus Maximus bzw. Eugenius. Der Prätorianerpräfekt Rufinus, nach Theodosius' Tod 395 n. Chr. für einige Monate der starke Mann im Oströmischen Reich, stellte seine Leibgarde unter anderem aus hunnischen Soldaten zusammen. Es wird deutlich: Die Römer hatten den Wert hunnischer Krieger erkannt und gedachten ihn für ihre Zwecke zu nutzen. Fügten sich die Neuankömmlinge nicht in das seit Jahrhunderten ausgeschöpfte Reservoir barbarischer Söldner nördlich der Donau bestens ein? Es bedurfte neuer Impulse, um die Verantwortlichen in Mailand und Konstantinopel zu der Erkenntnis zu führen, daß die Hunnen nicht mit den traditionellen Mitteln römischer Machtpolitik zu bändigen waren.

2. Die Formierung der Hunnenmacht nördlich der Donau bis hin zu Uldin (um 395 bis um 410 n. Chr.)

Schon bald nach der Zerschlagung des Greutungenreiches in der Ukraine und des Terwingenreiches an der unteren Donau scheinen hunnische *phýlarchoi* die Kontrolle nicht nur über die südrumänische Walachei, sondern auch über die ungarische Puszta übernommen zu haben. Das ist nicht weiter verwunderlich, denn beide Räume stellen aufgrund ihrer natürlichen Gegebenheiten sozusagen eine Verlängerung der eurasischen Graslandzone nach Ost- und Mitteleuropa hinein dar. Auch früher an die Grenzen des Römischen Reiches vorgedrungene reiternomadische Völker wie die Roxolanen und Jazygen hatten hier eine neue Heimat gefunden. Obendrein bot der Standort gegenüber der alten Kaiserresidenz Sirmium (Sremska Mitrovica) beste Möglichkeiten, die Chancen, die das Reich abenteuerlustigen Kriegergruppen willentlich oder unwillentlich bot, optimal zu nutzen. Trotzdem erfahren wir zunächst nicht etwa an der

Donau von neuen, spektakulären Aktivitäten der Hunnen, sondern an ganz anderer Stelle in der Alten Welt.

Im Sommer 395 n. Chr. überquerten hunnische Scharen den
Kaukasus und erschienen völlig überraschend im Vorderen Orient. Die Einflußbereiche beider Großmächte der Zeit, des Römischen wie des sāsānidischen Reiches, waren von dieser Invasion betroffen. Offensichtlich spalteten sich die Hunnen in mehrere Heereszüge auf, die getrennt voneinander operierten. Auf
diese Weise gelang es ihnen, weite Teile Kleinasiens, Syriens und
Mesopotamiens heimzusuchen. Im römischen Machtbereich ge-
langten sie bis vor Edessa (Şanlıurfa) und Antiocheia (Antakya).
Es existieren zahlreiche syrische Quellen, die uns – wenn auch
hinsichtlich der Einzelheiten oft recht unpräzise – vom Schrek-
ken dieser Tage berichten. In Bethlehem nahm auch der Kirchenvater Hieronymus von den Ereignissen Notiz; sie waren
ihm ein weiteres, untrügliches Zeichen für das unmittelbar be-
vorstehende Weltende, denn die römische Welt drohte zusam-
menzubrechen (vgl. Hier. *epist.* 60,16,3 Hilberg), und das war
seiner Meinung nach die notwendige Voraussetzung für die Ankunft des Jüngsten Tages.

Im Machtbereich des Sāsānidenkönigs Vahrām IV. zogen die
Hunnen plündernd und raubend die Flüsse Euphrat und Tigris
hinab bis vor die Tore der Residenzstadt Ktesiphon nahe dem
heutigen Bagdad. Dann allerdings mußten sie sich vor dem an-
rückenden Heer der Perser zurückziehen und verloren in den
folgenden Kämpfen einen beträchtlichen Teil ihrer Beute. Nur
mit Mühe gelang es den Hunnen, nach Medien auszuweichen
und durch die sogenannten Kaspischen Tore (heute der Paß von
Derbent) in das nördliche Kaukasusvorland zurückzukehren.
Wir kennen die Anführer dieses Unternehmens, Basich und Kursich, übrigens sogar mit Namen, weil der oströmische Historiker Priskos die Erzählung des abenteuerlichen Plünderungs-
zuges in sein Geschichtswerk eingefügt hat (Priskos frg. 11,2
Blockley, 596–619). Aus seinem Bericht geht unter anderem
hervor, daß die Hunnen, die im Jahre 395 n. Chr. den Kaukasus
überschritten, tatsächlich zu den europäischen Hunnen zählten,
denn unserer Textstelle zufolge nahm der Feldzug im nördlichen

Schwarzmeerraum seinen Ausgang, von wo aus der Weg dann über das Asowsche Meer nach Südosten über den Kaukasus führte. Später – vielleicht in den allerersten Jahren des 5. Jahrhunderts, als Kaiser Honorius (393 bis 423 n. Chr.) Verbündete gegen Alarich suchte – haben Basich und Kursich an einer hunnischen Gesandtschaft ins Weströmische Reich teilgenommen; von da gelangte die Kunde über ihren Feldzug dann zu Priskos.

Der Zug des Basich und des Kursich gegen das Sāsānidenreich erfolgte zu einer Zeit, als die Hunnenmacht nördlich des Schwarzen Meeres und im mittleren und unteren Donauraum bereits gegen etwaige Konkurrenten wie die germanischen *gentes* gefestigt war. Raumgreifende Feldzüge wie derjenige in den Vorderen Orient vom Jahre 395 n. Chr., aber auch kleinere Aktionen wie die Sendung eines Hilfsheeres an Valentinian II. neun Jahre zuvor zeigen, daß einzelne hunnische *phýlarchoi* bereits über beträchtliche Macht und Autorität verfügten; sie schlossen Abmachungen, die sie gegenüber ihren Gefolgsleuten auch durchzusetzen vermochten. Sie führten ihre Reiterheere über große Distanzen in ferne Länder und hielten diese auch dann zusammen, wenn Rückschläge auftraten oder die Ausgangsbedingungen sich wider Erwarten veränderten.

So verwundert es nicht, daß genau in dieser Zeit mit Uldin der erste namentlich bekannte hunnische *phýlarchos* in den griechischen und römischen Quellen erscheint, der über so etwas wie ein «Reich» geboten hat. In unserem Zusammenhang soll das bedeuten, daß er seine Machtstellung über hunnische und nichthunnische Barbaren jenseits der römischen Grenzen nicht nur während einer oder mehrerer erfolgreicher Kampagnen behauptet hat, sondern über viele Jahre hinweg.

Erstmals bezeugt ist Uldin zur Jahreswende 400/01 n. Chr. Damals flüchtete Gainas, ein römischer Heermeister gotischer Herkunft, aus Konstantinopel. Er hatte in bürgerkriegsähnlichen Auseinandersetzungen mit seinen Feinden am Kaiserhof eine Niederlage erlitten und suchte nun Zuflucht in der alten Heimat jenseits der unteren Donau. In dieser Situation nun kam Uldin ins Spiel; er wollte offensichtlich keinesfalls dulden, daß ein konkurrierender barbarischer Anführer ihm die Macht in

Südrumänien streitig machte. In einem kurzen, aber erbarmungslosen Feldzug stellte er Gainas und beseitigte ihn. Schon Anfang Januar 401 n. Chr. konnte das abgeschlagene Haupt des einstigen römischen Heermeisters in Konstantinopel der Menge präsentiert werden.

Die Episode um Gainas ist in zweierlei Hinsicht aufschlußreich. Zum einen zeigt sie, daß Uldin nördlich der Donau einen Machtbereich geschaffen hatte, der barbarische Konkurrenz nicht mehr duldete und diesen Anspruch auch durchzusetzen vermochte. Die Zeiten, als in einem fort gotische und andere Gruppen über die Reichsgrenze hin- und herzogen, war vorüber. Dem oströmischen Kirchenhistoriker Sozomenos, der einige Jahrzehnte nach den Ereignissen schrieb, schien Uldin um 400 n. Chr. bereits ein Anführer über alle Barbaren jenseits der unteren Donau gewesen zu sein (Soz. 9,5,1). Denen von ihnen, die das nicht akzeptieren wollten, blieb nur die Alternative, ins Reich zu ziehen und sich dem Kaiser zu unterwerfen.

Und noch etwas anderes wird am Verhalten Uldins deutlich: Er strebte keineswegs von sich aus einen Konflikt mit den Römern an. Die Tötung des Gainas war eine «Gefälligkeit», die dem oströmischen Kaiser Arcadius (383 bis 408 n. Chr.) unmittelbar zugute kam. Auf eine gewisse Weise konnte die Anwesenheit Uldins nördlich der Donau darüber hinaus einen Gewinn an Sicherheit und Berechenbarkeit bedeuten, denn er verhinderte den ungeregelten Zuzug von Barbaren ins Reich ebenso, wie er wilde Plünderungszüge hunnischer oder nichthunnischer Gruppen unterband – im Idealfall zumindest. Die Konsolidierung eines hunnischen «Reiches» unter Uldin konnte also durchaus im römischen Interesse liegen. Auch in früheren Jahrzehnten hatte die kaiserliche Politik Machtkonzentrationen jenseits der Grenzen des Imperiums ja keineswegs grundsätzlich hintertrieben; es hatte sich damals allerdings zumeist um gentile Reiche germanischer Provenienz gehandelt. Unsere weiteren Quellen zu Uldin müssen also im folgenden erweisen, inwieweit die durchaus berechtigten römischen Erwartungen hinsichtlich der Hunnen nach der Jahrhundertwende bestätigt oder enttäuscht worden sind. Leider fällt ihr Zeugnis uneinheitlich aus.

Um die Jahreswende 405/06 n. Chr. befanden sich der weströmische Kaiser Honorius und sein oberster Heermeister Stilicho in einer prekären Lage. Nicht nur, daß sie jederzeit mit einer Invasion des Westgotenkönigs Alarich nach Italien rechnen mußten – die Einbindung dieses mächtigen gentilen Königs in die Hierarchie des Reiches war seit dem Tode Theodosius' des Großen 395 n. Chr. *das* Dauerthema in Ost und West. Zu allem Unglück kam jetzt noch eine aktuelle militärische Herausforderung hinzu, denn der Gotenkönig Radagais überschritt mit seinen Scharen die Donau und drang über die Alpen bis nach Mittelitalien vor. In dieser Situation kam es zu einem Bündnis zwischen Uldin und dem Weströmischen Reich. Der Hunnenherrscher schickte Hilfstruppen nach Italien, die an der Niederringung des Radagais bei Fiesole nahe Florenz im Sommer 406 dann auch beteiligt waren. Uldin war mit diesem Ereignis auf dem Höhepunkt seiner Geltung in der römischen Welt angelangt; er hatte sich als zuverlässiger Partner sowohl des oströmischen wie auch des weströmischen Kaisers erwiesen. Die Söhne vornehmer Römer, darunter der spätere Heermeister Aëtius, garantierten als Geiseln die Vereinbarungen, die er mit Honorius geschlossen hatte. Das muß für die Römer kein grundsätzlich negativer Aspekt des Abkommens mit den Hunnen gewesen sein: Im günstigsten Falle wurden so die Grundlagen dafür gelegt, daß auch in der nächsten Generation von Entscheidungsträgern Beziehungen geknüpft werden konnten und somit das Vertrauen zueinander wuchs.

Uldin scheint allerdings nicht allein darauf vertraut zu haben, sich als zuverlässiger Vertragspartner in Konstantinopel und Ravenna zu empfehlen. Schon im Winter 404/05 n. Chr. hatte er die Donau überschritten und war mit seinen Kriegern plündernd durch die Balkanprovinzen gezogen. Doch dieser – obendrein schlecht bezeugte – Raubzug war nur eine Art Auftakt: Im Sommer 408 n. Chr. kehrte Uldin zurück, und diesmal müssen die Verwüstungen beträchtlich gewesen sein; die römischen Grenzkommandanten, die wie gewöhnlich durch eine elastische Kriegsführung die barbarische Invasion einzugrenzen und dadurch den Schaden zu minimieren versuchten, mußten erleben, daß es den Hunnen sogar gelang, die Festung Castra Martis (Kula), wenn auch durch Verrat, einzunehmen. So traten sie in Verhandlungen mit Uldin ein. Im Verlaufe der folgenden Wochen jedoch überreizte der Hunnenherrscher sein Spiel. Er verweigerte sich allen Kompromissen, lehnte die Geldangebote der Römer als zu gering ab und drohte mit einer Wiederaufnahme seiner Offensive. In dieser Situation zeigte sich, daß Uldins Position gegenüber seinen Gefolgsleuten noch nicht so gefestigt war, wie es die angespannte, Verlockungen wie Risiken darbietende Lage erforderte. Es gelang den erfahrenen römischen Gesandten, einen großen Teil seiner Unterführer mit Geschenken zu ködern und auf ihre Seite zu ziehen. Von einem großen Teil seines Heeres verlassen, blieb Uldin nichts anderes mehr übrig, als rasch ins Barbarikum zurückzukehren. Nur mit Mühe gelangte er ans andere Ufer der Donau; er selbst und seine Bundesgenossen – genannt werden in unseren Quellen insbesondere die germanischen Skiren – hatten schwere Verluste erlitten.

Der Fehlschlag im Sommer 408 n. Chr. hat Uldins Position offensichtlich schwer erschüttert. Er verschwindet daraufhin gleichsam aus der hunnischen Ereignisgeschichte. Bei den Kampagnen des Folgejahres 409 n. Chr. waren die Hunnen auf den Kriegsschauplätzen durchaus präsent. So soll Honorius damals zehntausend hunnische Reiter – wahrscheinlich waren es erheblich weniger – herbeigerufen haben, um sie gegen seinen Widersacher Alarich einzusetzen. Umgekehrt zogen Hunnen im selben Jahr nach Italien, um sich auf der Seite der Westgoten in den Kämpfen zu engagieren. Von Uldin ist bei alledem nicht die Rede. Wahrscheinlich hat er mit diesen Geschehnissen auch nichts zu tun gehabt; vielmehr mußte er angesichts seines durch die Niederlage gegen die Römer erschütterten Prestiges mehr oder weniger hilflos zusehen, wie sich eine beträchtliche Zahl seiner Krieger aus der von ihm geführten Kriegerkoalition löste und auf eigene Faust operierte. Für die Regierungen in Ravenna und Konstantinopel war dies eine günstige Gelegenheit, die eigenen Streitkräfte mit verhältnismäßig «billigen», da reichlich verfügbaren Söldnern aufzustocken. Und auch Zeichen militärischer Stärke waren jetzt, angesichts der Schwäche Uldins bzw.

der Hunnen insgesamt, am Platze: Im Herbst 409 n. Chr. agierte der weströmische General Generidus als Befehlshaber sämtlicher Truppen im mittleren Donauraum, vom bayerischen Voralpenland bis nach Kroatien. Daß selbst der schwache Honorius in diesen Tagen so auftrumpfen konnte, ohne dadurch eine schwerwiegende Reaktion der Hunnen zu provozieren, zeigt, daß sich nach dem Scheitern Uldins im Sommer 408 ein Machtvakuum auf der Seite der Barbaren aufgetan hatte, das einstweilen niemand zu füllen vermochte.

3. Hunnische Krieger innerhalb und außerhalb des Reiches: von Uldin bis Ruga (um 410 bis 434 n. Chr.)

Für die Zeit nach Uldin existieren nahezu keine Quellen, die uns über die Entwicklung der Verhältnisse bei den Hunnen nördlich der Donau unterrichten. Erst im Jahre 422 n. Chr. ist wieder einer ihrer Machthaber bezeugt, der mehr für uns ist als ein nackter Name. Es handelt sich um Ruga, den Onkel Attilas, der von diesem Zeitpunkt an bis zu seinem Tod 434 n. Chr. augenscheinlich der mächtigste Hunnenherrscher in Europa gewesen ist. Wie dürftig das Material ist, aus dem wir unsere Informationen schöpfen müssen, zeigt eine Passage des Historikers Olympiodor von Theben. Eigentlich aus dem Osten des Reiches stammend, hat er ein bis zum Jahre 425 n. Chr. reichendes Geschichtswerk verfaßt, worin er, soweit die uns überlieferten Reste diesen Schluß zulassen, vor allem Ereignisse im Westen des Imperiums in den Blick nahm. Olympiodor hat unter anderem für den Kaiserhof in Ravenna als Gesandter gewirkt; in diesem Zusammenhang kam er um 412/13 n. Chr. auch zu den Hunnen, wie aus einem Fragment seines Werkes hervorgeht: «Der Autor (Olympiodor) erzählt, daß er selbst in einer Mission zu ihnen (den Hunnen) und Donatus geschickt worden war, und gibt einen tragischen Bericht von seiner Reise und den Gefahren zur See. Wie Donatus, durch einen Eid getäuscht, rechtswidrig getötet wurde. Wie Charaton, der erste der Könige, über den Mord erzürnt, vom Kaiser durch Geschenke besänftigt wurde.» (Olymp. frg. 19 Blockley)

Bei unserem Text handelt es sich nicht um ein Originalfragment, sondern um eine Passage aus dem Auszug des Patriarchen Photios von Konstantinopel, den dieser im 9. Jahrhundert vom Werk Olympiodors erstellt hat. Leider wirft diese Kurzzusammenfassung mehr Fragen auf, als sie beantwortet. Wer ist der ominöse Donatus, dem der Besuch der römischen Gesandtschaft unter anderem galt und der in dessen Verlauf getötet wurde? Wie muß dieses Ereignis in den größeren Kontext der (west-)römisch-hunnischen Beziehungen eingeordnet werden? Wahrscheinlich war das gefahrvolle Meer, das Olympiodor überqueren mußte, die Adria und nicht das Schwarze Meer. Donatus und Charaton müssen also am ehesten in der mittleren Donauebene gesucht werden. Letzterer wird von Olympiodor als «der erste der Könige» *(ho tón rhegón prótos)* vorgestellt. Er war also ein Herrscher, den die Römer als *rex* auffaßten, aber er war diesbezüglich nicht der einzige unter den Hunnen, nur ein besonders mächtiger. Auch Uldin, zehn Jahre zuvor, waren nicht die Hunnen in ihrer Gesamtheit untertan gewesen, und selbst Attila hat dreißig Jahre nach den von Olympiodor erzählten Ereignissen dieses Ziel allenfalls annäherungsweise erreicht. Das war aber die Ausnahme, nicht die Regel: Die Verhältnisse, wie sie in unserem dürftigen Fragment aufscheinen, sind also durchaus typisch für die Geschichte der europäischen Hunnen während des 4. und 5. Jahrhunderts n. Chr. Es gab unter den Hunnen nördlich der Donau verschiedene, mächtige und weniger mächtige *phýlarchoi* oder, wie wir nun in Analogie zu Olympiodor sagen können, *reges*, «Könige». Dennoch vermochten sie, wie das Beispiel Uldins und Charatons zeigt, Druck zu erzeugen und «Geschenke» der römischen Kaiser zu erpressen.

In den 420er Jahren wird das Bild, das unsere Gewährsmänner zeichnen, wieder etwas deutlicher. Als beherrschende Figur bei den Hunnen tritt nun Ruga in den Vordergrund. Wie vor ihm Uldin, agiert er in dieser Zeit sowohl als Gegner wie als Partner der Römer. Für das Jahr 422 n. Chr. ist er erstmals bezeugt, als er einen Feldzug in die oströmischen Balkanprovinzen unternahm. Rugas Kriegszug ist in unserer Überlieferung teilweise mit einem Vorstoß desselben Herrschers zwölf Jahre später verwechselt worden, weshalb die Vorgänge im einzelnen unklar bleiben. Das Ergebnis der Attacke scheint jedenfalls gewesen zu sein, daß Ruga vom oströmischen Kaiser Theodosius II. (402 bis 450 n. Chr.) einen jährlichen Tribut in der Höhe von 350 Pfund Gold zugesagt bekam. Der Hunnenkönig hat also mehr erreicht als Uldin im Jahre 408 n. Chr. Die jährlich eintreffenden Gelder konnte er nun verwenden, um einerseits seine Gefolgsleute fester an sich zu binden und andererseits seinen sicher nicht rein hunnischen, sondern multiethnischen Verband noch attraktiver für andere Krieger zu machen.

Ruga hat, wie Uldin vor ihm und Attila nach ihm, keineswegs nur feindselige Beziehungen zu den Kaiserhöfen in Ost und West unterhalten. Das hätte seinen langfristigen Interessen auch nicht entsprochen, war er doch auf die Prestigegüter und Subsidien der Römer angewiesen, um seine stets wachsende Kriegerkoalition zusammenzuhalten. Uldins Beispiel hatte 408 n. Chr. demgegenüber gezeigt, daß hunnische Herrscher, die einen reinen Konfrontationskurs gegenüber dem Imperium wagten, notwendig scheitern mußten. Umgekehrt hatte auch das Reich ein Interesse an der Strukturierung und Verstetigung der Beziehungen zu den hunnischen *phýlarchoi* und *reges*, denn Einfälle der Barbaren in die Balkanprovinzen kosteten letztendlich mehr als geregelte Geldzahlungen.

Es ging also darum, eine Ebene der Verständigung aufrechtzuerhalten zwischen der Sphäre der Hunnenherrscher im Barbarikum und derjenigen der römischen Kaiser. Vor allem persönliche Beziehungen waren geeignet, eine solche überhaupt erst zu schaffen und dann auch über die Jahre hinweg trotz diplomatischer Spannungen und kriegerischer Eskalationen aufrechtzuerhalten. Gesandtschaften wie die des Olympiodor um 412/13 oder später die des Maximinus und des Priskos 449 n. Chr. müssen in diesen Kontext gestellt werden. Manchmal konzentrierten sich die hunnisch-römischen Kontakte geradezu bei einzelnen Personen, so zum Beispiel bei dem oströmischen Heermeister Plinta, der vor 434 n. Chr. die Kontakte zu Ruga geradezu zu monopolisieren versuchte. Im Westen hatte sein

Kollege Aëtius seit Mitte der 420er Jahre großen Einfluß auf die Beziehungen zu den Hunnen. Sein Verhältnis zu Ruga zeigt besonders deutlich, welche Chancen und Gefahren sich hieraus für das Römische Reich ergeben konnten.

Aëtius hatte in seiner Jugend eine gewisse Zeit als Geisel bei den Hunnen verbracht; später ist sein Sohn Carpilio in der gleichen Funktion bei Attila gewesen. Die Beziehungen, die sich aus persönlichen Kontakten zu hunnischen Anführern entwickelt hatten, hat Aëtius später wiederholt dazu benutzt, um seine eigenen politischen Ziele gegenüber den Kaisern in Ost und West durchzusetzen. Schon ganz zu Beginn seiner Karriere, als er im Jahre 425 n. Chr. auf seiten des Gegenkaisers Johannes gegen die legitime theodosianische Dynastie in Konstantinopel kämpfte, organisierte er bei den Hunnen ein Hilfsheer, um es seinem Herrn vor den entscheidenden Kämpfen zuzuführen. Er traf dann allerdings drei Tage zu spät auf dem oberitalischen Kriegsschauplatz ein; der unterlegene Johannes war soeben von der siegreichen Bürgerkriegspartei hingerichtet worden. Gestützt auf seine hunnischen Söldner, vermochte es Aëtius zu vermeiden, das Schicksal seines kaiserlichen Herrn zu teilen. Mit massivem militärischem Druck setzte er vielmehr durch, daß er in den Dienst des neuen theodosianischen Regimes unter dem Kinderkaiser Valentinian III. übernommen wurde. Erst danach sorgte er für die Heimkehr seiner Hunnen in die Gegenden jenseits der Donau. Einige Jahre später sollte sich dieses Szenario wiederholen. 432 n. Chr. wurde Aëtius, der inzwischen zum obersten Heermeister des Weströmischen Reiches emporgestiegen war, von seinen Rivalen bei Hofe gestürzt. Nur mit Mühe entkam er ihren Häschern, floh über die Adria und von dort zu den Hunnen jenseits der Donau. Doch schon im Jahr darauf kehrte er zurück, erneut begleitet von einem hunnischen Hilfsheer; seine innenpolitischen Gegner, allen voran die Kaiserinmutter Galla Placidia (* 391/94, † 450 n. Chr.), hatten diesem Aufgebot nichts entgegenzusetzen und fügten sich nach kurzem Kampf in das Unvermeidliche. Von diesem Zeitpunkt an war Aëtius bis zu seiner Ermordung im Jahre 454 n. Chr. der alleinige starke Mann in Ravenna.

Fl. Aëtius (?) (um 390 bis 454 n. Chr.), der Widersacher Attilas in der Schlacht auf den Katalaunischen Feldern 451 n. Chr. Detail eines elfenbeinernen Konsulardiptychons aus Bourges/Frankreich, um 435 n. Chr.

Man hat Aëtius früher oft als Freund oder gar Kreatur der Hunnen bezeichnet; in solcher Ausschließlichkeit ist dieses Urteil – oder besser Verdikt – sicher nicht zutreffend. Gewiß, der langjährige weströmische Heermeister hat gute Kontakte zu den Barbarenherrschern jenseits der Donau unterhalten. Er hat es immer wieder vermocht, Söldner bei ihnen zu rekrutieren; zumindest in den 430er Jahren begleiteten ihn hunnische Krieger in so großer Zahl, daß sie geradezu zu einem Erkennungszeichen seiner damaligen Kriegsführung, vor allem in Gallien, avancierten. Gegen Feinde jeglicher Couleur, ob es sich nun um Burgunden am Rhein, Westgoten in Aquitanien oder gar aufständische, also «römische» Bauern auf dem Land handelte – gegen all diese Kräfte also setzte Aëtius, da sie sich dem imperialen Ordnungsanspruch, den er repräsentierte, widersetzten, seine reichsfremden Auxilien (Hilfstruppen) ein. Das war ein Umstand, der bei so manchem zeitgenössischen Beobachter gemischte Gefühle auslöste. Der gallorömische Senator Sidonius Apollinaris beschrieb in einem Gedicht die «Effizienz» der fremdartigen Elitetruppe des Aëtius mit wenig schmeichelhaften Worten: «Alles um sich herum zerstörten sie, herumstreifend, mit Feuer und Schwert, plündernd wie die Barbaren, und hin-

terließen so ein eitles Trugbild von ‹Frieden›.» (Sidonius Apollinaris, *Carmina* 7,248–250) Es ist angesichts dessen nicht verwunderlich, daß sich im Jahre 439 n. Chr., als Aëtius' hunnische
Krieger in einer verlustreichen Schlacht gegen die Westgoten
aufgerieben wurden, vielerorts Genugtuung und sogar Erleichterung breitmachte. Der Presbyter Salvian von Marseille jedenfalls konnte sich eine bissige Bemerkung nicht verkneifen, als er
zu diesem aktuellen Anlaß schrieb: «Schließlich hat sich unser
Unglück in dem gerade zurückliegenden Krieg klar erwiesen.
Denn während die Goten in ihrer Furcht auf Gott vertrauten,
zogen wir es vor, unsere Hoffnung auf die Hunnen zu setzen.»
(Salvian von Marseille, *De gubernatione Dei* 7,39)

Wenn trotz all dieser Zeugnisse von einer generellen Freundschaft des Aëtius mit den Hunnen nicht die Rede sein kann, so
liegt das daran, daß sich mit dem Einsatz hunnischer Söldner
auf den Kriegsschauplätzen Italiens und Galliens kein irgendwie
geartetes Konzept des Heermeisters hinsichtlich der weströ-
misch-hunnischen Beziehungen im allgemeinen verbinden läßt.
Der Heermeister nutzte eben das unerschöpfliche Potential an
Kriegern, das jenseits der Reichsgrenzen im Barbarikum zur
Verfügung stand, und da er über gute Kontakte und viel Prestige
verfügte, hatte er dabei mehr Erfolg als andere Generäle.

Zumindest bei der Bürgerkriegskampagne des Jahres 433
n. Chr. wurde Aëtius von dem Hunnenkönig Ruga unterstützt.
Ausdrücklich ist in unseren Quellen in diesem Zusammenhang
vom Motiv der «Freundschaft» *(amicitia)* zwischen den beiden
die Rede. Vielleicht hat Ruga schon acht Jahre zuvor, im Kampf
für den Usurpator Johannes, Aëtius geholfen, aber das ist aufgrund der Quellenlage weniger gewiß. In jedem Falle muß auch
hier betont werden, daß Ruga selbst auf dem Höhepunkt seiner
Macht Anfang der 430er Jahre nicht für alle Hunnen sprechen
konnte. Für 427 n. Chr. liegt uns eine chronikalische Notiz vor,
die mit dürren Worten vermeldet, in diesem Jahr seien die pannonischen Provinzen, nachdem sie fünfzig Jahre lang von den
Hunnen besetztgehalten worden seien, von den Römern wie-
dergewonnen worden (Marcellinus Comes, *Chronicon* s. a.
427). Ruga hat sich durch diese «Rückeroberung» der Römer

augenscheinlich nicht provoziert gefühlt. Es waren wohl nicht «seine» Hunnen, denen das frischinstallierte theodosianische Regime Ravennas zu Leibe gerückt war.

Auch an anderer Stelle finden wir einen Hinweis darauf, daß Ruga um 430 n. Chr. nicht der einzige der hunnischen *reges* (Könige) gewesen ist. Es handelt sich um eine zugegebenermaßen etwas merkwürdige Stelle im Werk des zu dieser Zeit in Konstantinopel wirkenden Kirchenhistorikers Sokrates. Er schreibt, die Hunnen hätten ununterbrochen das am Rhein lebende Volk der Burgunden überfallen und ausgeplündert, so daß diese sich genötigt gesehen hätten, um Hilfe im Reich nachzusuchen – Hilfe allerdings ganz eigener Art. Sie ließen sich nämlich, so Sokrates, von einem gallischen Bischof taufen, und solchermaßen gestärkt überwanden sie die hunnischen Aggressoren. Diese waren ohnehin in der entscheidenden Schlacht geschwächt, denn ihr König Uptaros war in der Nacht zuvor zerplatzt (!), weil er sich überfressen hatte (Sokr. 7,30).

Vieles an dieser Geschichte ist problematisch – der geplatzte Hunnenkönig, der angebliche «Urkatholizismus» der Burgunden. Es ist viel darüber geschrieben worden. Aber die Person des Uptaros an sich hat Sokrates nicht erfunden. Bei Jordanes heißt er Octar und wird uns zusammen mit Mundzuc, dem Vater Bledas und Attilas, als ein Bruder des Ruga vorgestellt. Offensichtlich operierte Uptaros mit seinen Kriegern weit entfernt vom mittleren und unteren Donauraum im Westen; von der Bildung eines hunnischen «Reiches» durch die Onkel Attilas, das sich vom Schwarzen Meer bis zum Rhein erstreckt habe, muß man deswegen nicht sprechen. Es mag sein, daß die beiden Brüder sich von Zeit zu Zeit miteinander abstimmten. Wir erfahren freilich nichts davon, und in der Regel dürfte jeder für sich allein operiert haben. Die Hunnenmacht aktualisierte sich dann eben dort, wo ein hunnischer Herrscher mit seinen Kriegern gerade auftauchte, im Falle des Uptaros sogar in Rheinnähe. Noch Attila durfte bei seinem Gallienfeldzug im Jahre 451 n. Chr. auf burgundische Bundesgenossen zählen.

Um 432/33 n. Chr. befand sich Ruga auf dem Höhepunkt seiner Macht. Durch sein Eingreifen in die inneren Verhältnisse des Westreiches im Jahr zuvor hatte er seine Bedeutung im Kräftespiel der Zeit eindrucksvoll unter Beweis gestellt. Sein Prestige unter den Kriegern, die ihm folgten, muß beträchtlich gewesen sein. Durch die materiellen Zuwendungen aus Ravenna und Konstantinopel, die er regelmäßig oder von Fall zu Fall erhielt, konnte er sie noch fester an sich binden und zugleich neue Gruppen potentieller Gefolgsleute erschließen. Man hat vermutet, daß gewisse Gebietsabtretungen an die Hunnen, die der Historiker Priskos beiläufig anzudeuten scheint (vgl. Priskos frg. 11,1 Blockley, 3–5), in dieser Zeit erfolgt sind, sozusagen als ein Zeichen der Dankbarkeit des Aëtius gegenüber seinem barbarischen *amicus* (Freund) für die geleistete Hilfe. Das ist alles in allem eher unwahrscheinlich. Rugas Königtum war eine Herrschaft über Menschen, nicht über festumgrenzte Territorien wie die römischen Provinzen *Valeria*, *Savia* oder *Pannonia II*. Auch ohne daß Aëtius es ihm ausdrücklich erlaubte, konnte ihn wohl niemand daran hindern, die Große Ungarische Tiefebene zu durchstreifen, unabhängig davon, wo das Römische Reich nun begann oder endete.

Obwohl Ruga in dieser Zeit über so große Macht verfügte und obwohl er unter den *gentes* nördlich der Donau keine echte Konkurrenz mehr zu fürchten hatte, gelang es ihm trotzdem nicht, das Ausbrechen einzelner barbarischer Gruppen aus seinem Machtbereich zu verhindern. Im Jahre 434 n. Chr., als es den Angehörigen mehrerer, auch hunnischer Stammesgruppen, gelungen war, ins Imperium zu fliehen, ließ es der Hunnenkönig deshalb auf eine Konfrontation mit dem Oströmischen Reich ankommen. Es war eine gute Gelegenheit, um auszutesten, ob Kaiser Theodosius II. die Ruhe an seiner Donaugrenze inzwischen mehr wert war als die einst im Jahre 422 vereinbarten 350 Pfund Gold. Der Ausbruch der Kämpfe schien unmittelbar bevorzustehen, da änderten sich durch das plötzliche Ableben Rugas sämtliche Ausgangsbedingungen.

4. Die Hunnen als Großmacht:
die Samtherrschaft Bledas und Attilas (434 bis 445 n. Chr.)

Durch den Tod Rugas war die Situation an der Donaugrenze des Römischen Reiches noch sensibler geworden; es eröffneten sich Lösungsmöglichkeiten in mehrere Richtungen. Schon Ruga hatte ja zum Zeitpunkt seines Todes um den Zusammenhalt seiner barbarischen Kriegerkoalition ernsthaft ringen müssen. Seine Neffen Bleda und Attila aber, die sich nun anschickten, die Nachfolge des Onkels anzutreten, standen jetzt vor einer ungleich schwierigeren Situation. Sie verfügten nicht über das vielfach erprobte und gerechtfertigte Prestige ihres Vorgängers und konnten sich der Gefolgschaft ihrer Krieger keineswegs sicher sein. Gewiß ist es kein Zufall, daß gerade in den Jahren nach 434 n. Chr. die Nachrichten über hunnische Söldner im Weströmischen Reich so zahlreich sind. Der Tod Rugas hatte ein Vakuum geschaffen; viele, die mit den neuen, jungen Königen unzufrieden waren, wandten sich ab und suchten sich anderwärts zu verdingen. Daß Aëtius als *amicus* Rugas gelten konnte, wird ihn zu einer besonders attraktiven Alternative für diesen Kreis von Kriegern gemacht haben. Einige Jahre also vermochte der mächtige Heermeister des Weströmischen Reiches aus dem vollen zu schöpfen. Doch die Verluste, die seine hunnischen Auxilien während der Kampagne des Jahres 439 n. Chr. in Gallien erlitten, konnten nicht mehr von ihm ausgeglichen werden. Rugas Nachfolger, Bleda und Attila, hatten ihre Macht inzwischen konsolidiert. Wie einst ihr Vorgänger wünschten sie nicht, daß die Barbaren ihres Machtbereichs ins Reich abwanderten; ihr Wehrpotential sollte nun ganz der eigenen Machtbildung zugute kommen.

Sollten die Verantwortlichen in Ravenna und Konstantinopel nach dem Tode Rugas gedacht haben, sie könnten von dem Vakuum, das der Hunnenkönig hinterlassen hatte, profitieren, so mußten sie sich in den folgenden Wochen eines Besseren belehren lassen. Bleda und Attila beharrten auf den Forderungen ihres verstorbenen Onkels; sie mußten es auch, wollten sie nicht den Eindruck von Schwäche und Unsicherheit erregen. Dies aber hätte in der betreffenden Situation ebenso zum Zerfall ihres Heeres führen können wie in dem anders gelagerten Fall Uldins runde fünfundzwanzig Jahre zuvor. Unter der Vermittlung des erfahrenen oströmischen Heermeisters Plinta kam es schließlich zu einem Übereinkommen, das als Vertrag von Margus (Orašje) in die Geschichte der römisch-hunnischen Beziehungen eingegangen ist: Bleda und Attila gaben ihre Drohkulisse auf und zogen sich ins Barbarikum zurück. Sie wurden im Gegenzug mit jährlichen Subsidien in der Höhe von 700 Pfund Gold abgefunden – doppelt soviel wie Ruga 422 n. Chr. erhalten hatte, und jedenfalls genug «Startkapital», um sich nun eine eigene, nicht nur ererbte Gefolgschaft bei Hunnen wie Nichthunnen aufzubauen.

Vom «politischen» Ziel ihres Onkels, der Auslieferung von Flüchtlingen aus dem hunnischen Machtbereich, ließen Bleda und Attila nicht ab. Die prominentesten unter ihnen, abtrünnige Angehörige der Königssippe, wurden an Ort und Stelle hingerichtet. Anschließend zogen die neuen Herrscher aus dem Grenzgebiet des Imperiums ab und widmeten sich der Konsolidierung ihrer Herrschaft außerhalb des Machtbereichs der Römer; ein Feldzug gegen die nicht näher faßbaren «skythischen» Sorosger wird in unseren Quellen ausdrücklich erwähnt.

Es ist beachtlich, daß es Bleda und Attila in den Folgejahren gelungen ist, das Reich, das ihnen Ruga hinterlassen hatte, zu erhalten. Es handelt sich, soweit wir sehen, um das erste Mal, daß eine Übertragung der Herrschaft vom einen Hunnenkönig auf den nächsten bzw. die nächsten gelungen ist. Uldin und Charaton sind einzelne Lichtpunkte in der sonst völlig im dunkeln liegenden, offensichtlich heftig bewegten Struktur der Barbarenwelt nördlich der Donau. Mit Ruga hingegen beginnt eine gleichsam dynastische Kontinuität bei den europäischen Hunnen, die von den 420er Jahren bis zum Tode Attilas 453 n. Chr. und dem Zerfall seines Herrschaftsgebiets kurz darauf reicht. Für die Römer mußte dies keine grundsätzlich negative Entwicklung darstellen. Ein mächtiges Hunnenreich nördlich der Donau kostete zwar Geld und diplomatische Aufmerksamkeit, aber es erfüllte auch die Funktion einer Ordnungsmacht in diesem Raum und verhinderte so das unkontrollierte Hineindiffundieren immer neuer barbarischer Gruppen ins Reich. Daß sich die Hunnen unter Bleda und Attila in den 440er Jahren n. Chr. zu einer Macht entwickeln würden, die «mehr als nur ein Ärgernis für die Römer» war (Otto J. Maenchen-Helfen), konnte beim Tode Rugas niemand auf römischer Seite ahnen.

Nach dem Jahre 434 schien es tatsächlich zunächst so, als würde die Rechnung der Verantwortlichen in Konstantinopel aufgehen; von irgendwelchen Aggressionen Bledas und Attilas gegen das Reich erfahren wir in dieser Zeit nichts. Vermutlich waren die Hunnenkönige stark davon in Anspruch genommen, im Kern ihres Herrschaftsgebiets nördlich der Donau Ordnung zu schaffen, sich der Loyalität der Gefolgsleute ihres Onkels zu versichern und widerspenstige *phýlarchoi* und *gentes* unter ihre Botmäßigkeit zu zwingen. Doch zu Beginn der 440er Jahre n. Chr. nahmen die Spannungen an der Donaugrenze des Oströmischen Reiches wieder zu. Reibereien auf lokaler Ebene, in deren Mittelpunkt sich der zwielichtige Bischof von Margus (Orašje) befand, mögen dabei eine Rolle gespielt haben. Doch auch die politische Großwetterlage hatte sich eingetrübt. Seit Jahren schon war Theodosius II. den Zahlungen, die er im Jahre 434 mit Bleda und Attila vereinbart hatte, nicht mehr nachgekommen. Die Hunnenkönige brauchten aber die «Geschenke» und Gelder des Kaisers, sollte nicht die auf der Verfügung über Prestigegüter basierende Hierarchie ihres Herrschaftsbereichs, die seit Rugas Zeiten mühsam aufgebaut worden war, ins Wanken geraten.

Als Bleda und Attila erkannten, daß die oströmische Regierung nicht ohne Druck reagieren würde, setzten sie im Jahre 441 n. Chr. zur Großoffensive an. In den folgenden zwei Kampagnen verwüsteten sie große Teile der Balkanprovinzen. Das gesamte Verteidigungssystem an der Donau von Sirmium (Sremska Mitrovica) über Viminacium (Kostolac) bis Margus (Orašje) brach zusammen; entlang der Morava vermochten die Hunnen dann ins Innere des Reiches einzudringen. Auch verhältnismäßig große Städte wie Naissus (Niš) wurden dabei erobert und teilweise nachhaltig zerstört. Schon schien ein Angriff auf Konstantinopel im Bereich des Möglichen zu liegen, da brachen Bleda und Attila ihre Offensive mit einem Mal ab und ließen sich auf Verhandlungen mit den Emissären Theodosius' II. ein. In der darauffolgenden Friedensvereinbarung wurde die Wiederaufnahme von Zahlungen an die Hunnen vereinbart. Die Regierung in Konstantinopel mußte sich damit einverstanden erklären, denn die Verheerungen der Hunnen auf dem Balkan waren beträchtlich und die eigenen militärischen Kräfte zu dieser Zeit begrenzt, da der Kaiser kurz zuvor Truppen nach Sizilien abgeordnet hatte, um seinem Cousin Valentinian III. im Kampf gegen die Vandalen beizustehen.

Es sollte sich in der Folge zeigen, daß Konstantinopel auch nach den Erfahrungen der Kampagne von 441/42 nicht bereit war, seine gegenüber den Hunnen eingegangenen Verpflichtungen zu erfüllen. Noch im Jahre 442 n. Chr. beendete Theodosius II. sein militärisches Engagement im Westen. Schon ein Jahr später war die Donaugrenze wieder befestigt und bemannt, und spätestens ein weiteres Jahr darauf stellten die Oströmer die Zahlungen an Bleda und Attila erneut ein. Aus Sicht der Hunnenkönige konnte das Ergebnis der Kampagne von 441/42 kaum anders als enttäuschend empfunden werden. Dennoch reagierten sie nicht sofort. Statt dessen gibt es Hinweise darauf, daß sich ihre Aufmerksamkeit in den folgenden Jahren zunächst nach Westen richtete. Der dortige Kaiser Valentinian III. war in einer machtpolitisch weitaus schwächeren Position als Theodosius II. So war das Risiko Bledas und Attilas für einen Raub- und Erpressungszug auch wesentlich geringer.

Unsere Quellenlage für die Vorfälle, die sich Mitte der 440er Jahre in der Kontaktzone zwischen den Hunnen und dem Weströmischen Reich ereigneten, ist leider besonders schlecht. Es ist völlig illusorisch, auf ihrer Basis irgendwelche Details von Feldzügen oder Vertragsverhandlungen in einer Art rekonstruieren zu wollen, die über reine Vermutungen hinausführen könnte. In der zweiten Jahreshälfte 444 n. Chr. scheint ein militärischer Konflikt zwischen dem Weströmischen Reich und den Hunnen gedroht zu haben; darauf weisen zumindest die Bestimmungen zweier Gesetze hin, die Kaiser Valentinian III. in dieser Zeit erlassen hat. Auch sonst gibt es Hinweise auf einen unmit-

telbar bevorstehenden Großkonflikt. Es scheint freilich dann
doch nicht zur offenen Eskalation gekommen zu sein; von et-
waigen Kriegshandlungen zwischen den Hunnen und dem Weströmischen Reich verlautet in unseren Quellen rein gar nichts.
Die Gründe hierfür liegen weitgehend im dunkeln. Waren Bleda
und Attila durch anderweitige Konflikte in ihrer Konzentration
auf Ravenna abgelenkt worden? Gab es innerhalb des hunnischen Machtbereichs vielleicht Unstimmigkeiten über das weitere Vorgehen? Hatte Valentinian III. sämtliche Forderungen
der Hunnenkönige erfüllt? Wir werden sehen, daß es für alle
drei Lösungsmöglichkeiten Anhaltspunkte gibt.

Noch im Winter 444/45 n. Chr. kam es innerhalb des hunnischen Machtbereichs zu Auseinandersetzungen, die in der Ermordung von König Bleda durch seinen Bruder Attila – wohl zu
Anfang des Jahres 445 – kulminierten. Unsere Quellen sind
zwar vielfach konfus und chronologisch ungenau, dennoch sind
die Hinweise deutlich, daß es sich nicht um einen reibungslosen
Machtwechsel gehandelt hat. Ausdrücklich erfahren wir, daß
Attila die *populi* (Verbände) seines Bruders erst zur Botmäßigkeit zwingen mußte. Um dieselbe Zeit muß bei den Akatziren,
einem nördlich des Schwarzen Meeres beheimateten Volk, ein
Aufstand gegen die Hunnenherrschaft ausgebrochen sein. Attila
gelang es nach schweren Kämpfen, diesen niederzuschlagen; anschließend setzte er seinen ältesten Sohn Ellac bei den Akatziren
als Herrscher ein. Von Bleda ist in diesem Zusammenhang übrigens nicht mehr die Rede; vermutlich war er schon tot, als der
Krieg im Osten zu Ende ging.

Es herrschte also Zwist auf seiten der Hunnen in der Zeit um
445 n. Chr., und selbst als die innere Unsicherheit endete und
Attila die Alleinherrschaft errungen hatte, war zu befürchten,
daß die größte barbarische Machtbildung jenseits der Donau
viel an Prestige eingebüßt hatte. Nach den Gesetzmäßigkeiten
hunnischer Politik, wie wir sie bisher kennengelernt haben,
konnte das nur bedeuten, daß eine Phase neuer Angriffe gegenüber dem Weströmischen und dem Oströmischen Reich bevor-
stand, die dazu geeignet war, durch Aggression nach außen eine
Konsolidierung im Innern herbeizuführen.

5. Das Hunnenreich auf dem Gipfel seiner Macht: Attilas Alleinherrschaft (445 bis 450 n. Chr.)

Wir hatten gesehen, daß es trotz der Spannungen zwischen dem Weströmischen Reich und den Hunnen im Winter 444/45 n. Chr. nicht zum offenen Ausbruch eines Krieges gekommen war. Selbst wenn man in Rechnung stellt, daß die Hunnen durch die Auseinandersetzungen, die sich um dieselbe Zeit in ihren Reihen abzuspielen begannen, in ihren Möglichkeiten eingeschränkt waren, so ist doch sicher anzunehmen, daß Attila, sobald er fest im Sattel saß, den Druck auf Ravenna wieder verstärkte. In der Tat gibt es verschiedene Hinweise darauf, daß er nach der Ermordung Bledas ein Abkommen mit Kaiser Valentinian III. ertrotzt hat.

Besonders interessant ist eine Stelle bei Priskos, wo davon die Rede ist, Attila sei vom römischen Kaiser der Titel eines «römischen Heermeisters» (*strategós Rhomaíon*; der lateinische Begriff lautet *magister militum*) verliehen worden (Priskos frg. 11,2 Blockley, 627–631). Der Zusammenhang der Textstelle legt nahe, daß Attila seinen Generalsrang von Valentinian III., nicht von Theodosius II. erhalten hat. Weiter heißt es bei Priskos, daß die Tribute, die der römische Staat dem Hunnenherrscher ohnehin entrichten mußte, nun als Gehalt getarnt ausgezahlt wurden. Wir können hinzufügen, daß die angeblichen Gebietsabtretungen, die die Forschung überwiegend ins Jahr 432/33 n. Chr. datieren wollte, viel besser in den Kontext dieses Arrangements zwischen Ravenna und Attila passen würden. Der Hunnenkönig war nun ein Heermeister des Imperiums; als solcher hatte er Verteidigungsaufgaben für den Kaiser zu übernehmen, und diese waren an das Reichsterritorium gebunden. Was lag da näher, als dem Heermeister Attila ein gewisses Gebiet zu übertragen, das er fortan – zum Beispiel als *magister militum per Illyricum*, als für Teile des Donau- und Balkanraums zuständiger Heermeister, wie es einst Alarich gewesen war – «schützte»?

Die Tatsache, daß Attila vom weströmischen Kaiser einen Heermeistertitel annahm und damit – zumindest nominell – in seine Dienste trat, ist in ihrer Bedeutung nicht zu überschätzen.

Zum ersten Mal waren auf diese Weise die Sphäre der Hunnenherrschaft im Barbarikum und die des Imperiums miteinander
vermengt worden. Bisher hatten hunnische Herrscher peinlich
genau darauf geachtet, daß genau dies nicht geschah. Ein Großteil der Verhandlungen mit den Emissären der römischen Kaiser
diente diesem Zweck, etwa wenn es darum ging, Überläufer
ausgeliefert zu bekommen, Flüchtlinge zu bestrafen oder ganze
gentes unter die Botmäßigkeit der Hunnen zurückzuzwingen.
Jetzt war ein erster Schritt dazu getan, eine neue Seite in den
beiderseitigen Beziehungen aufzuschlagen. Ob das für die Verantwortlichen im Weströmischen Reich allerdings ein Positivum
war, muß angesichts der römischen Schwäche und der hunnischen Stärke bezweifelt werden.

Zunächst hatte die Vereinbarung mit Ravenna augenscheinlich keine weiteren Folgen. Attila war fürs erste saturiert und
wandte sich wieder dem Oströmischen Reich zu. Wohl noch
im Jahre 446 n. Chr. ließ er wieder Drohungen hören – aus seiner Sicht durchaus begründet, denn Theodosius II. war seinen
Zahlungsverpflichtungen gegenüber den Hunnen seit zwei Jahren nicht nachgekommen, und Überläufer wurden schon lange
nicht mehr ausgeliefert. Wie immer versuchte die römische Seite, die Verhandlungen in die Länge zu ziehen; zu vielfältig waren die militärischen Bedrohungen, denen sich Konstantinopel
in dieser Zeit – am Euphrat, in Nordafrika, sogar im Innern
Kleinasiens – gegenübersah. Man wollte den Ausbruch eines offenen Krieges also so weit wie möglich in die Zukunft verschie-
ben und scheute doch zugleich die Kosten, die eine momentane
Befriedigung der finanziellen Ansprüche der Hunnen bedeutet
hätte. Attila muß sich der Motive, die sich hinter den Winkel-
zügen seiner oströmischen Verhandlungspartner verbargen, bewußt gewesen sein, denn er drohte ihnen, sollten sie weiterhin
zögern oder zum Kriege rüsten, «so werde nicht einmal er selbst
die ‹skythischen› Heerscharen zurückhalten können» (Priskos
frg. 9,1 Blockley, 7 f.). Der Hunnenkönig war in seinem Prestige
schwer erschüttert; er *mußte* seiner Kriegerkoalition gegenüber
demonstrieren, daß er dazu imstande war, seinem Willen bei
Theodosius II. Gehör zu verschaffen. Als Attila endgültig klar

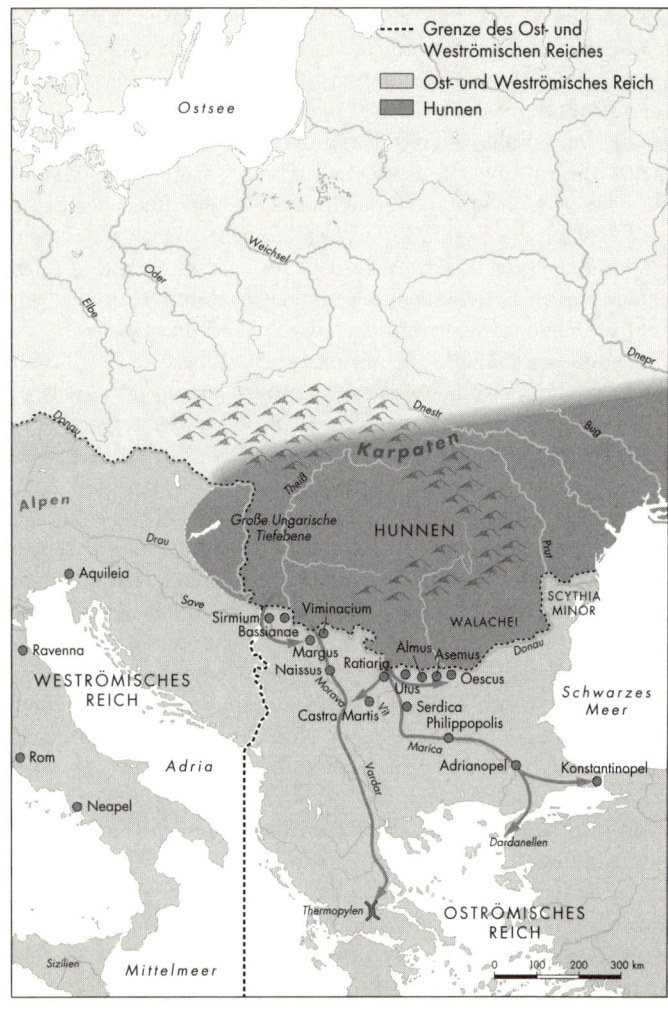

Hunnische Feldzüge auf dem Balkan in den 440er Jahren n. Chr.

wurde, daß er auf dem Verhandlungswege nichts weiter erreichen würde, eröffnete er die Kampfhandlungen an der Donau. Erster Kristallisationspunkt der Aktionen war die Festung Ratiaria (Arčar).

Im Zuge der Kampagne des Jahres 447 n. Chr. vermochte Attila den Verantwortlichen in Konstantinopel eindrucksvoll zu beweisen, daß es ein Fehler gewesen war, seine Wünsche ignoriert und seine Möglichkeiten, Zerstörungen anzurichten, unterschätzt zu haben. In einem beeindruckenden Siegeszug überwanden die Hunnen die ihnen entgegengestellten Hindernisse und drangen ins Innere der Balkanprovinzen vor. Zahlreiche befestigte Plätze wurden erobert; selbst in offener Feldschlacht – am Fluß Utus (Vit), noch in der Nähe der Donaugrenze – gelang Attila ein eindrucksvoller Sieg, nämlich über den oströmischen Heermeister Arnegisclus, der dabei sogar sein Leben verlor. Glauben wir unseren Quellen, so drang Attila in diesem Sommer bis zu den Thermopylen in Griechenland und bis zu den Dardanellen in unmittelbarer Nähe Konstantinopels vor. Spätestens jetzt war die Zeit gekommen, da sich in der Hauptstadt des Oströmischen Reiches die zum Waffenstillstand geneigten Kräfte gegen die Kriegsbefürworter durchzusetzen vermochten. Freilich waren die Friedensbedingungen, mit denen Attila den als Emissär zu ihm gesandten Heermeister Anatolius konfrontierte, hart. Es konnte nicht anders sein, nachdem die Römer ihn dermaßen herausgefordert und ihn zu so großen Opfern gezwungen hatten.

Der sogenannte Anatoliusfrieden von 447 n. Chr. sah vor, daß die Tributrückstände, die sich seit dem letzten Friedensschluß vor fünf Jahren aufsummiert hatten, nun durch eine einmalige Pauschale von 6000 Pfund Gold abgegolten werden sollten. Für die Zukunft war vorgesehen, daß Attila 2100 Pfund Gold pro Jahr erhalten sollte; das war das Dreifache der Summe, die 434 n. Chr. vereinbart worden war. Selbstverständlich mußten Überläufer und Flüchtlinge ausgeliefert, römische Gefangene aber teuer freigekauft werden. Eine erneute Befestigung der Donaugrenze wollte der Hunnenkönig nun nicht mehr hinnehmen; um die Wehrlosigkeit Theodosius' II. in den Balkanprovinzen

künftig zu gewährleisten, wurde eine Pufferzone im Umfang
von fünf Tagesreisen südlich der Donau festgelegt, innerhalb
derer die Römer künftig nicht operieren durften. Insbesondere
dies war ein schwerer Schlag für Konstantinopel; eine Regene-
ration der Grenzgebiete im heutigen Bulgarien und Serbien war
in einem solchen Zustand der latenten Unsicherheit und Bedrohung natürlich nicht denkbar. Als der Historiker Priskos im
Jahre 449 n. Chr. im Zuge seiner Gesandtschaft zu Attila die
besagten Gebiete durchquerte, erblickte er Städte und Landschaften, die noch immer in Trümmern lagen: «In Naissus (Niš)
angekommen, fanden wir die Stadt verlassen vor, da sie von den
Feinden zerstört worden war. Nur in den von der Kirche unter-
haltenen Herbergen lagen noch einige Kranke. Ein Stück weiter
flußaufwärts hielten wir wieder auf bloßem Grund; am Ufer lagen nämlich die Gebeine der Gefallenen haufenweise umher.»
(Priskos frg. 11,2 Blockley, 51–55)

Die Kampagne vom Sommer 447 n. Chr. war also ein voller
Erfolg Attilas, ein Erfolg freilich, der nicht so ohne weiteres von
ihm wiederholt werden konnte. Der weit ausgreifende, bis nach
Griechenland und Thrakien reichende Feldzug hatte auch *ihn*
an die Grenzen seiner Leistungsfähigkeit geführt. In der Schlacht
am Utus (Vit) hatten die Hunnen nur unter schweren Verlusten
das Feld behauptet. Die Belagerung und Erstürmung von Städten und Festungen band zumindest phasenweise einen beträchtlichen Teil der Kräfte und zwang die Hunnen in eine Art der
Auseinandersetzung, die mit ihrer traditionellen Kampfweise
als Reiterkrieger immer weniger zu tun hatte. So häuften sich
denn auch die Pannen: Die tapferen Einwohner der kleinen,
nahe der Donau gelegenen Stadt Asemus (Mussalievo) konnten
trotz großen Aufwands nicht zur Übergabe gezwungen werden
und weigerten sich auch nach Friedensschluß beharrlich, die in
ihren Mauern befindlichen Überläufer, wie von den Hunnen ge-
fordert, an den Feind auszuliefern. Schließlich war es Attila
nicht gelungen, vor Konstantinopel länger zu verweilen und auf
diese Weise eine Drohkulisse aufzubauen, die über den augen-
blicklichen Schrecken hinweg tieferen Eindruck hinterlassen
hätte. Gewiß, das Auftauchen der Hunnen vor den Toren des

Neuen Rom mochte einmal mehr apokalyptische Assoziationen
ausgelöst haben, aber ihr Abzug zeigte, daß sie irdischen Schick-
salsschlägen ebenso ausgesetzt waren wie alle anderen Menschen; offensichtlich hatte eine Seuche das Heer Attilas dezi-
miert. Der Zeitzeuge Isaak der Jüngere von Amida jubilierte:
«‹Aber die Sünder spannten den Bogen und legten ihren Pfeil
auf die Sehne› (*Psalmen* 11[10],2) – und die Vorbereitung hatte
sich vervollkommnet, und der Feind war nahe daran, schnell zu
kommen – doch da fuhr Krankheit durch das Heer und schleu-
derte es in die Wildnis [...]. Er, dessen Herz stark für die Schlacht
war, wurde schwach durch die Krankheit. Er, der geschickt im
Bogenschießen war, den überwältigte Krankheit in den Einge-
weiden. [...] Die versammelte Heerschar, in der der Hunne ge-
prahlt hatte, sank plötzlich dahin.» (Moss, S. 304 bzw. 68 f.)
Das Resümee des Krieges mochte zum Ende des Jahres 447
n. Chr. also so lauten: Attila hatte sich als schrecklicher Feind
erwiesen; er mußte nach den Erfahrungen, die man mit ihm gemacht hatte, wohl oder übel ernst genommen werden. Aber er
war auch jetzt keine tödliche Gefahr für das Oströmische Reich.
Seine Mittel waren begrenzt wie die aller Barbarenherrscher, zumal wenn sie aus der Steppe kamen.

6. Die Machtbildung Attilas um 450 n. Chr.: ihre Eigenart

Im Grunde stellen die letzten Sätze des vorausgegangenen Kapitels bereits so etwas wie ein abschließendes Urteil über die
Machtbildung Attilas um 450 n. Chr. dar. Es fügt sich aufs beste
in den Gesamttenor der Ergebnisse ein, die seit dem Zweiten
Weltkrieg von der internationalen Forschung erarbeitet worden
sind.

Unsere zentrale Quelle für die inneren Strukturen des Attilareichs ist der Augenzeugenbericht des Diplomaten und Historikers Priskos von Panion (Priskos frg. 11,1–3 Blockley). Im Jahre
449 n. Chr. hatte er mit seinem Vorgesetzten Maximinus eine
Gesandtschaftsreise zu Attila unternommen, deren wesentliche
Teile in den sogenannten *Excerpta de legationibus* des oströmi-

schen Kaisers Konstantin VII. Porphyrogennetos (908 bis 959
n. Chr.) erhalten geblieben sind. Von Priskos' Buch, dessen Titel
nicht überliefert worden ist, sind darüber hinaus Fragmente erhalten geblieben, die Informationen über Ereignisse von den
430er bis zu den 470er Jahren enthalten. Alles deutet darauf
hin, daß wir es mit einem bedeutenden Geschichtswerk zu tun
haben, dessen weitgehenden Verlust man heute nur bedauern
kann. Dies gilt ungeachtet dessen, daß unser Autor als Erbe der
griechischen Bildungstradition seine Darstellung bisweilen zu
sehr am Vorbild klassischer Schriftsteller wie Herodot und Thu-
kydides ausgerichtet hat.

Die einschlägigen Fragmente, die uns über die Gesandtschaftsreise des Maximinus und des Priskos informieren, bedür-
fen, so authentisch sie aufgrund ihrer erzählerischen Dichte und
Plastizität auch erscheinen, einer sorgsamen Interpretation.
Denn einerseits hatte Priskos, auch unabhängig von der Prägung durch seine erwähnten Vorbilder, das Material, das er ge-
staltete, in gewisser Weise vorstrukturiert: Er konzentrierte sich
auf diplomatisch Relevantes, auf Sachverhalte, die für die Politik der römischen Kaiser wichtig oder für das Lesepublikum interessant waren. Dabei achtete er stets darauf, daß seine eigene
Person immer im rechten Licht stand. Schließlich hatte die Gesandtschaft des Maximinus 449 n. Chr. erfolglos heimkehren
müssen, war sogar in ernste Gefahr für Leib und Leben geraten.
All dies bedurfte einer Erklärung, deren Gestaltung Priskos im
konkreten Fall wichtiger war als noch so viele Einzelheiten über
das hunnische Umfeld, die er kennengelernt hatte.

Andererseits muß man im Auge behalten, daß Priskos nicht
nur Autor eines Gesandtschaftsberichts gewesen ist, in dem er
ein bestimmtes Bild von Attila und den Hunnen im Blick auf
sein Publikum entwickelte; er war darüber hinaus seinerseits
Adressat einer Inszenierung, die der Barbarenkönig selbst der
römischen Gesandtschaft gegenüber ins Werk setzte. Wir müssen also mit einer zweifachen Verformung rechnen, wenn es im
folgenden darum geht, ausgehend vom Bericht des Priskos ein
Bild von der Struktur und vom Funktionieren des Attilareichs
zu zeichnen.

Das Hunnenreich war zu keiner Zeit, auch nicht unter Attila, ein gentiles Königreich, wie es zum Beispiel die Westgoten seit ihrem Übertritt auf Reichsgebiet 376 n. Chr. ausgebildet hatten. Keiner der hunnischen *phýlarchoi* und *reges* nördlich der Donau hat für sich jemals in Anspruch nehmen können, König *aller* Hunnen gewesen zu sein. Attila ist diesem Ziel in den Jahren um 450 n. Chr. zwar sehr nahe gekommen, aber auch sein Herrschertum stand auf wackeligen Füßen, wenn es unter Druck geriet, wie die Situationen unmittelbar vor 447 und nach 451 n. Chr. zeigen.

Ein Weiteres kommt hinzu: Weder Attila noch die Herrscher vor ihm haben versucht, durch eine gleichsam riesenhafte Ethnogenese die vielfältigen gentilen Gruppen, aus denen sich ihr «Reich» zusammensetzte, zu einem großen Ganzen zusammenzufügen, sozusagen einen Traditionskern zu stiften, der aus dem barbarischen «Stammesschwarm» (Reinhard Wenskus), den sie anführten, ein gentiles Königreich im Wortsinne erst hätte machen können. Zwar bildeten Hunnen den Kern der von Attila und seinem Clan angeführten barbarischen Machtbildung nördlich der Donau – Priskos verwendet in diesem Zusammenhang den Begriff «königliche Skythen» (vgl. Priskos frg. 9,3 Blockley, 35–38) –, doch darüber hinaus gab es zahlreiche weitere nichthunnische *populi*, die voneinander territorial getrennt waren und unter eigenen Anführern in den Krieg zogen. Viele von ihnen, wie die Gepiden und Ostgoten, aber auch die Skiren und Rugier, haben den Untergang des Attilareichs überstanden und versuchten danach, unabhängige gentile Reiche auf dem Boden des Imperiums oder in seinem unmittelbaren Vorfeld zu etablieren. Freilich waren nicht alle derartigen Bemühungen von Erfolg gekrönt; es setzte nach 453/54 ein Verdrängungswettbewerb unter den ehemaligen *populi* Attilas ein, den nur ein Teil von ihnen unbeschadet überdauerte.

Das Machtgebilde, dem Attila vorstand, stellt sich also bei näherem Hinsehen nicht als gentiles Königreich, sondern als eine ins Riesenhafte gewachsene, aus unterschiedlichsten barbarischen Gruppen und Einheiten zusammengesetzte, hochmobile Kriegerkoalition dar. Sie rechtfertigte ihre Existenz durch permanenten Erfolg, und dieser wiederum manifestierte sich in Gestalt von Beute- und Prestigegewinn. Von Uldin bis hin zu Attila läßt sich anhand unserer Quellen immer wieder zeigen, wie die hunnischen Herrscher danach strebten, einen Machtbereich nördlich der Donau zu konstituieren, der keine Konkurrenz neben sich zu fürchten brauchte, ja Ansätze zu einer solchen im Keim zu ersticken trachtete. Barbarische Heerkönige oder *gentes*, die sich ihnen nicht unterwarfen, wurden so lange bekämpft, bis sie bereit waren, sich in den hunnisch geführten Kriegerverband zu integrieren. Wollten sie das aber partout nicht, so blieb ihnen nur die Möglichkeit, sich mit dem römischen Kaiser zu verständigen und auf seine Seite der Donau überzutreten.

Das Gegenstück zur «hunnischen Alternative», wie Herwig Wolfram das soeben beschriebene Szenario etikettiert hat, war also die «römische Alternative»: Sie bestand in der Integration in den Machtbereich des Imperiums zu den Bedingungen des jeweiligen Kaisers und resultierte günstigstenfalls in der Bildung eines gentilen Königreichs auf Reichsboden. Barbarische Heerkönige jedoch, die beide Alternativen verschmähten, wie zum Beispiel Radagais, wurden zwischen Hunnen und Römern zerrieben. Das ist der eigentümlich stabilisierende Effekt, der von der Konsolidierung der Hunnenmacht nördlich der Donau im 5. Jahrhundert n. Chr. ausgegangen ist: Er strukturierte das politische Terrain in gewisser Weise vor und entlastete dadurch mittelbar die Regierungen in Konstantinopel und Ravenna. Eine nicht vorhersehbare, böse Überraschung, wie sie der Radagaiszug im Jahre 405/06 dargestellt hatte, war zur Zeit Attilas kaum noch denkbar.

Die Kehrseite dieser «Atempause» (Herwig Wolfram), die die hunnische Herrschaftsbildung nördlich der Donau dem Reich ermöglichte, war freilich, daß sie einen Großteil des Kriegerpotentials in diesem Raum für eigene Zwecke absorbierte und auf diese Weise dem Imperium entzog. Daß insbesondere das Weströmische Reich um die Mitte des 5. Jahrhunderts n. Chr. zu einer großangelegten kriegerischen Auseinandersetzung kaum noch in der Lage war, hängt damit ursächlich zusammen. Es blieb Kaiser Valentinian III. und seinem obersten Heermeister

Aëtius in dieser Situation gar nichts anderes übrig, als den «eigenen», vor allem in Gallien siedelnden Barbaren gegenüber kompromißbereit zu agieren, wollten sie nicht das Risiko eingehen, im Konfliktfall von ihnen im Stich gelassen zu werden.

Die in den vorigen Kapiteln behandelte Thematik führt einmal mehr vor Augen, daß das «Reich» der Hunnen weniger als eine Herrschaft über ein bestimmtes Gebiet charakterisiert werden kann – höchstens insofern, als es die faktische Kontrolle über das gesamte nördlich der Donau, also außerhalb des Römischen Reiches gelegene Gebiet anstrebte. Das entscheidende Kennzeichen hunnischer Macht war aber die Verfügungsgewalt über möglichst viele Menschen; zunächst galt dies für das Barbarikum, wo es Attila und seinen Vorgängern darum ging, das Kriegerpotential so vieler hunnischer und nichthunnischer Gruppen wie möglich zu akkumulieren. In einem zweiten Schritt erstreckte sich die hunnische Macht dann jedoch auch auf Menschen südlich der Donau, also auf Einwohner im Machtbereich des römischen Kaisers. Die Forderung nach der Auslieferung von Flüchtlingen und Überläufern war in diesem Kontext nur ein Aspekt. Insbesondere im Falle Attilas können wir immer wieder beobachten, wie der Hunnenkönig exemplarisch die Verfügungsgewalt über einzelne Menschen im Herrschaftsraum Theodosius' II. und Valentinians III. beansprucht hat. Daß sich der König der Hunnen höchstpersönlich darum gekümmert hat, daß sein italischer Sekretär *(hypographeús)* Constantius in Konstantinopel eine standesgemäße Ehefrau vom Kaiser erhielt, mag uns befremdlich erscheinen. Für Attila war die Tatsache, daß er sich in dieser Frage Theodosius II. gegenüber durchzusetzen vermochte, nur ein weiteres sichtbares Zeichen der Überlegenheit über seinen kaiserlichen Kontrahenten.

Attilas Herrschaft beruhte nicht nur auf dem hunnischen Kern seiner Gefolgschaft, erst recht nicht nur auf dem Prestige seines eigenen Clans, wie es sich seit Rugas Zeiten in den 420er Jahren n. Chr. entwickelt hatte. In seiner nächsten Umgebung befanden sich Krieger unterschiedlichster Herkunft, die uns bisweilen sogar namentlich bekannt sind. Bei Priskos heißen sie *logádes*, ein Begriff, der in seiner Grundbedeutung lediglich

«herausragende Männer» bedeutet. Der Hunne Onegesios, der
Ostgote Valamir, der Gepide Ardarich, ja der «Römer» Orestes,
um nur einige zu nennen – sie alle waren Vertrauensleute Attilas, zum Teil über lange Jahre hinweg, Ratgeber in Krieg und
Frieden, Gesandte und Emissäre in schwieriger Lage. Es ist bezeichnend, daß wir nicht von allen die ethnische Herkunft ange-
ben können. Edekon etwa, der Vater Odoakers, des späteren
Königs von Italien, wird von Priskos als «Skythe», also Hunne,
bezeichnet. In anderen Quellen jedoch firmiert er als Skire oder
Thüringer. Doch im Kontext des Attilareichs sind all dies ohnehin bloße Etiketten, die die Realität, mit der wir es um 450
n. Chr. zu tun haben, mehr verdunkeln als erhellen. Als Gefolgsleute Attilas waren alle diese *logádes* in gewisser Weise «Hunnen»; als solche stellten sie gleichwohl eine «internationale barbarische Aristokratie» (Walter Pohl) im Dienste ihres Königs
dar. Die Tatsache, daß so mancher von ihnen nach dem Zerfall
der Hunnenmacht im Römischen Reich Karriere gemacht hat,
zeigt, daß die *logádes* sich im Laufe der Zeit genügend Prestige
und Kompetenz hatten erwerben können, um auch nach dem
Tode ihres Herrn die Chancen, die die barbarische und die römische Welt ihnen bot, nutzen zu können.

Der zuletzt angesprochene Sachverhalt ist aufschlußreich: Es
spricht viel dafür, daß die Mitglieder der kriegerischen Elite, der
unter anderem Attilas *logádes* entstammten, sich gerade dadurch auszeichneten, daß sie in beiden Sphären, der barbarischen wie der römischen, reüssieren konnten. Ob im Dienste
des Hunnenkönigs oder des Imperiums, ihre einschlägigen Fä-
higkeiten waren überall gefragt. Es verwundert deshalb nicht,
daß wir die archäologischen Spuren dieser Elite über ganz Europa hinweg verstreut finden. Das Fundgut, das in ihren Gräbern
(und denen ihrer Angehörigen) zutage getreten ist, läßt sich –
das ist nach allem Gesagten nicht verwunderlich – gerade nicht
nach rein ethnischen Gesichtspunkten einordnen. Wir finden
Produkte aus römischen Waffenfabriken (etwa Militärgürtel/
cingulae) neben ostgermanischen Fibeln und Trachtelementen,
östliche Schmuckformen (beispielsweise goldene Diademe) und
Schwerttypen (wie zum Beispiel Langschwerter/*spathae* mit

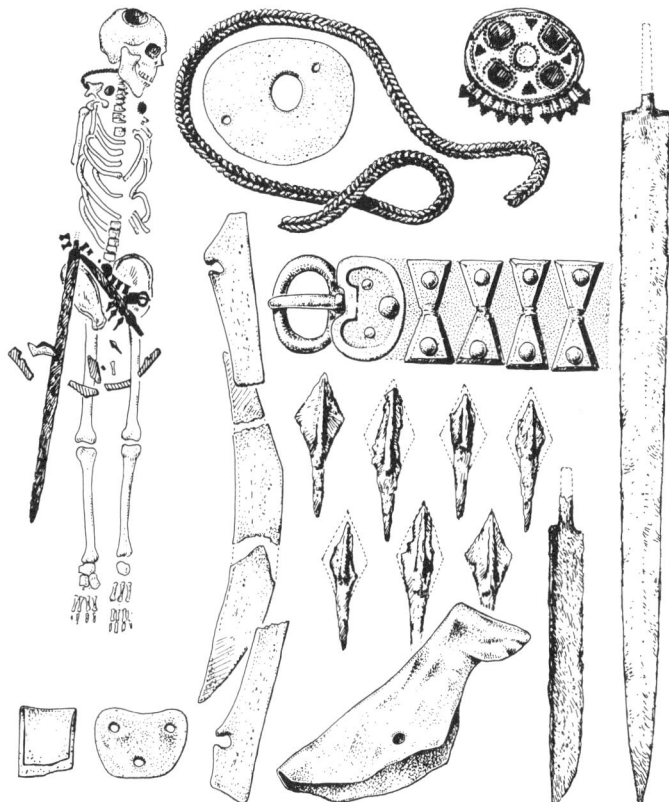

Das sogenannte Kriegergrab von Kzyl-Kajnar-Tobe/Kasachstan, Ende 4. Jh./erste Hälfte 5. Jh. n. Chr. Der Befund weist in seltener Vollständigkeit Merkmale auf, die gemeinhin als hunnisch gelten: mongolide Züge des Bestatteten, künstliche Schädeldeformation, Teile eines knochenverstärkten Reflexbogens, dreiflügelige Pfeilspitzen aus Eisen, Schwerter östlichen Typs (*spatha* und Sax) aus Eisen.

massiveiserner Parierstange) neben Metallspiegeln, die eine mittige Grifföse aufweisen. Gerade letztere stellen eine typisch reiternomadische Fundgattung dar, deren Tradition sich über viele Jahrhunderte und bis nach China verfolgen läßt; dennoch wäre es voreilig, Personen, die mit derartigen Gegenständen begraben worden sind, sogleich als «Hunnen» zu etikettieren, denn es finden sich Metallspiegel sowohl vor 375 als auch nach 453 n. Chr. im europäischen Fundgut.

Es gab im zweiten Drittel des 5. Jahrhunderts n. Chr. zweifellos Angehörige der kriegerischen Eliten im Donauraum und anderswo, die mongolide Rassenmerkmale aufwiesen. Auch finden sich Hinweise im Fundgut, die auf die Pflege reiternomadischer, «hunnischer» Traditionen hindeuten. Die genannten Metallspiegel sind hierfür ein Zeugnis – meist finden wir sie zerbrochen, vermutlich als Folge einer kultischen Handlung bei der Bestattung; auch die Metallkessel können in diesem Zusammenhang genannt werden. Exemplare aus der Zeit nach dem Zerfall des Attilareichs sind nicht erhalten geblieben; offensichtlich waren mit ihnen rituelle Praktiken verbunden, die am ehesten auf Angehörige des hunnischen Ethnos – oder sagen wir vorsichtiger: auf Angehörige des aus den eurasischen Steppen herrührenden reiternomadischen Kulturkreises – beschränkt gewesen sein dürften. Hingegen gilt diese Aussage nicht im Falle der sogenannten künstlichen Schädeldeformation. Zwar handelt es sich auch dabei um eine kulturelle Praxis, die ursprünglich aus der eurasischen Steppe stammt; sie ist schon vor der Ankunft der Hunnen im nördlichen Schwarzmeerraum nachgewiesen. Im 5. Jahrhundert n. Chr. können wir jedoch beobachten, daß die künstliche Schädeldeformation bei Neugeborenen nicht nur von mutmaßlichen Hunnen oder Angehörigen des hunnischen Machtbereichs praktiziert worden ist. Wir finden sie zum Teil auch weit entfernt vom Machtzentrum Attilas, am Rhein zum Beispiel bei Franken und Alamannen, doch auch im Innern des Weströmischen Reiches, am Genfer See. Hier hat sich in der zweiten Hälfte des 5. Jahrhunderts ein gentiles Königreich der Burgunden ausgebildet. Offensichtlich hatten sie die Sitte der Schädeldeformation einst von den Hunnen übernommen und praktizierten sie auch noch nach Jahrzehnten in ihrer neuen gallischen Heimat.

Im militärischen Bereich ist auffallend, daß die in reiternomadischer Tradition stehenden, mit knöchernen Platten verstärkten Reflexbogen samt eisernen, dreiflügeligen Pfeilspitzen wäh-

rend des 5. Jahrhunderts n. Chr. bei den barbarischen Elitekriegern durchaus nachzuweisen sind, sich aber trotz ihrer funktionellen Überlegenheit nicht auf breiter Front durchgesetzt haben.
Die Krieger, die diese und andere, östliche Traditionen aufweisende Waffen benutzt haben, standen nicht nur in den Diensten
der Hunnenkönige, sondern agierten an den unterschiedlichsten
Stellen Europas. So weit voneinander entfernte Befunde wie
Beja (Portugal), Altlußheim (Deutschland), Wien XI-Simmering
(Österreich), Szeged-Nagyszéksós (Ungarn) und Kzyl-Kajnar-
Tobe (Kasachstan) legen davon beredtes Zeugnis ab.

7. Die Machtbildung Attilas um 450 n. Chr.: ihre Grenzen

Es ist auffallend, daß die besonders reich ausgestatteten archäologischen Fundkomplexe reiternomadischen Charakters nicht
etwa im mittleren und unteren Donauraum konzentriert sind,
sondern östlich der Karpaten, im nördlichen Schwarzmeergebiet und an der mittleren Wolga. Dies ist ein Befund, der den
Wissenschaftlern Kopfschmerzen bereitet, denn das politische
Zentrum des Hunnenreiches muß während des 5. Jahrhunderts
n. Chr. in der Großen Ungarischen Tiefebene und in der südrumänischen Walachei gewesen sein. Priskos bezeugt dies durch
seinen Gesandtschaftsbericht; das Herrschaftszentrum, in dem
Attila die oströmischen Emissäre empfing, kann nicht allzuweit
von der Donaugrenze gewesen sein. Im übrigen entzündete sich
der Konflikt des Jahres 441/42 n. Chr. daran, daß von Margus
(Orašje) in der Provinz *Moesia I* aus angeblich hunnische Königsgräber geplündert worden waren (vgl. Priskos frg. 6,1
Blockley, 5–8); auch das ist ein Hinweis auf eine doch stärkere
Verankerung der Hunnen in den nördlich von dieser Stadt gelegenen Ebenen, ohne daß wir dies (bis jetzt) mit archäologischen
Befunden zufriedenstellend untermauern könnten.

Wie dem auch sei, die Funddichte im mittleren und unteren
Donauraum ist auf jeden Fall bis dato geringer als zum Beispiel
diejenige nördlich des Schwarzen Meeres; beim jetzigen Stand
der Kenntnisse muß man daher – mit aller Vorsicht – anneh

men, daß ein Großteil der hunnischen *logádes* und Krieger in
diesem Raum nicht dauerhaft lebte, sondern sich dort nur phasenweise aufhielt, etwa um das Gebiet militärisch gegenüber
den unterworfenen *populi* zu sichern oder um, von hier ausgehend, neue Beutezüge im Römischen Reich zu unternehmen.
Wie ist dies zu erklären?

Die Donauebene Ungarns und Südrumäniens ist in vielerlei Hinsicht der eurasischen Graslandzone nicht unähnlich; es
ist kein Zufall, daß zahlreiche reiternomadische Völker, die seit
der Antike europäischen Boden betreten haben, genau hier ihre
Heimstatt gesucht und gefunden haben. Dennoch weisen die
besagten Gebiete Eigenheiten auf, die mittelfristig eine nur
auf extensiver Viehwirtschaft basierende Lebens- und Wirtschaftsweise zumindest erschwert haben dürften. Gebiete wie
die Puszta und die Walachei gehören zur sogenannten Steppen-
waldzone, das heißt es handelt sich um Landschaften, die von
Natur aus einst großenteils von lichten Eichenmischwäldern
geprägt waren. Natürlich ist diese ursprüngliche Vegetations-
decke schon in der Spätantike nicht mehr intakt gewesen. Rechts
der Donau hatte sich in der römischen Kaiserzeit zum Beispiel
eine leistungsfähige Landwirtschaft entwickelt, als deren Folge
entsprechende Flächen gerodet wurden. Auch die Angehörigen
der germanischen *gentes*, die im Donauraum lebten, waren vorwiegend Bauern. Im Zuge der Umwälzungen, die seit dem ausgehenden 4. Jahrhundert n. Chr. den gesamten Raum erschütterten, wird sicher ein Teil der agrarischen Nutzfläche der Ver-
steppung preisgegeben worden sein. Dennoch: Die ungarischen
und südrumänischen Ebenen stellten für die eindringenden
Hunnen keine Graslandzone von der Art dar, wie sie sie noch
in der Ukraine kennengelernt hatten. Es ist durchaus denkbar,
daß sie ihren Siedlungsschwerpunkt weiterhin östlich der Karpaten hatten, weil hier mehr Weidefläche zur Verfügung stand
und somit die Bedingungen für ihre traditionelle, auf nomadi-
scher Viehzucht basierende Lebens- und Wirtschaftsweise besser gegeben waren. Für die hunnische Oberschicht war das,
gut reiternomadischer Mentalität entsprechend, auch eine Frage
des Prestiges: Ackerbau betrieben die nichthunnischen Unter-

tanenvölker – zum Beispiel die Gepiden an der Theiß, die Goten auf der Krim – oder Hunnen, die in Armut geraten waren
und sich das freie Leben des Reiternomaden nicht mehr leisten
konnten.

Das soll nun keineswegs heißen, daß die Hunnen in der mittleren und unteren Donauebene überhaupt nicht siedelten und
ihren Lebensunterhalt erwirtschafteten. Als Priskos im Jahre
449 n. Chr. Attila aufsuchte, da nächtigte er in einem Dorf,
das zum Besitz einer Gemahlin des ermordeten Hunnenkönigs
Bleda gehörte. Die Einwohner werden von ihm als «Skythen»
bezeichnet, ein Wort, das er gewöhnlich für die Hunnen verwendet (vgl. Priskos frg. 11,2 Blockley, 289–312). Auch der hölzerne Palastkomplex, in dem Attila die oströmische Gesandtschaft schließlich empfing, befand sich inmitten eines «sehr
großen Dorfes» (vgl. Priskos frg. 11,2 Blockley, 357–361), und
es ist nicht zu erwarten, daß hier neben den *logádes*, den Führungspersönlichkeiten im Umfeld des Herrschers, nur nichthunnische Hintersassen gelebt haben. Kurzum: Es kann nicht so
gewesen sein, daß es *gar keine* hunnische Siedlung an der mittleren und unteren Donau gegeben hat; andererseits muß festgehalten werden, daß die Bedingungen in diesem Raum für Reiternomaden nicht ideal waren.

Ein, wenn nicht *der* Schwerpunkt hunnischer Machtbildung
hatte sich unter Hunnenherrschern wie Uldin, Ruga und Attila
an der mittleren und unteren Donau herausgebildet. Das bedeutet aber, daß die Hunnen im 5. Jahrhundert n. Chr. vor dem Problem standen, ob und wie sie sich langfristig den Gegebenheiten
dieses Raumes anpassen sollten. Die Folgen einer solchen Entscheidung, wie sie auch ausfallen mochte, waren nicht allein
ökologischer Natur; sie wirkten sich auf den sozialen Zusammenhalt und die politisch-militärische Praxis der Hunnen in
letztendlich allumfassendem Sinne aus. In diesem Zusammenhang sollte sich erweisen, daß der Anpassungsfähigkeit etwa des
Attilareichs gewisse Grenzen gesetzt waren.

Je länger die Hunnen im Vorfeld des Römischen Reiches
agierten, je mehr sie zu einer konkurrenzlosen barbarischen
Macht im mittleren und unteren Donauraum avancierten, desto

größer wurde der Druck, sich auf die Spielregeln einzulassen, die hier über lange Zeit entwickelt worden waren. Das zeigt sich zum Beispiel im militärischen Bereich. Die auf dem Einsatz von Reitern basierende Kriegsführung, die es möglich machte, schnell große Distanzen zu überwinden, hatte einst die Überlegenheit der Hunnen über all ihre Feinde begründet. Doch im Donauraum hatten sich Attila und seine Vorgänger mit Befestigungen und teilweise großen Städten auseinanderzusetzen; ihre römischen und germanischen Gegner zwangen sie zu regelrechten Feldschlachten, die großenteils zu Fuß ausgetragen wurden. Die Hunnen und ihre Verbündeten, die im Jahre 447 n. Chr. am Utus (Vit) den Heermeister Arnegisclus mit Mühe besiegten, erlitten große Verluste. Wir können das in der Folge immer wieder beobachten: Die Fixierung auf einen Punkt, an dem dann notwendig die Entscheidung fallen mußte, war ein Umstand, den die Hunnen eher zu vermeiden suchten, weil er die Vorteile ihrer schnellen und flexiblen Kriegsführung zunichte machte. Daß sie sich doch darauf einließen und zum Beispiel in den Balkanprovinzen Städtebelagerungen durchführten, mußte zur Folge haben, daß die nichthunnischen Kontingente, die in dieser Art von Kampf erfahrener waren, während der 440er und 450er Jahre innerhalb der Kriegerkoalition tendenziell an Bedeutung gewannen. Das Heer Attilas, das im Jahre 451 n. Chr. nach Gallien marschierte, wird sowohl der Zusammensetzung als auch dem Charakter nach nur noch zu einem geringeren Teil ein hunnisches Heer gewesen sein.

Der spätantike Staat, mit dem die Hunnen im 4. und 5. Jahrhundert n. Chr. konfrontiert wurden, zeichnete sich durch eine hochdifferenzierte zivile und militärische Verwaltung aus. Die notwendigen Zwischeninstitutionen jedoch, mit deren Hilfe diese überhaupt erst Wirkung entfalten konnten, waren die Städte. Und auch in diesem Bereich kann man beobachten, daß die Bereitschaft der Hunnen, sich auf das Vorgefundene einzulassen, begrenzt war. Es ist insbesondere Attila ja mehrfach gelungen, Städte innerhalb des Römischen Reiches zu erobern. Doch erfahren wir nichts von einer Weiternutzung, etwa dahingehend, daß er sie zur Kontrolle seines Machtbereichs genutzt hätte. Sirmium (Sremska Mitrovica), immerhin viele Jahrzehnte lang von den römischen Kaisern als strategisch günstig gelegene Residenz genutzt, wurde lediglich erobert und geplündert; von einer tatsächlichen Inbesitznahme hören wir nichts. Noch zwei Jahre nach Attilas schlimmstem Vorstoß über die Donau zog Priskos, wie bereits erwähnt, in den Balkanprovinzen durch Städte, die in Trümmern lagen. Auch nach dem Jahre 447 n. Chr verharrte Attila in seinem eher dörflich wirkenden Herrschafts-zentrum nördlich der Donau; eine Anbindung der Hunnen-macht an die mediterrane Stadtkultur mit ihren administrativen Strukturen hat er offenkundig zu keiner Zeit beabsichtigt. Da-durch entzog er sich und seine Gefolgsleute freilich auch einer tiefergehenden politischen und kulturellen Prägung durch das spätantike, urbane Lebensmodell.

Es hat in der Forschung nicht an Stimmen gefehlt, die gerade Attila unterstellt haben, er habe mit seiner Politik gegenüber dem Römischen Reich eine Richtung eingeschlagen, die den Hunnen langfristig eine Integration in die spätantike Welt er-möglicht hätte. Die *logádes* zum Beispiel mußten als Beleg für diese These herhalten. Sie seien nicht nur die engsten Gefolgs-leute des Hunnenkönigs gewesen, sondern hätten darüber hin-aus den Nukleus für eine künftige, differenzierte hunnische Reichsaristokratie dargestellt. Daß Attila über Sekretäre *(hypo-grapheís)* verfügt hat, begrüßte man als Anzeichen für eine im Entstehen befindliche attilanische Bürokratie. Die betreffenden Personen stammten, soweit sie uns namentlich bekannt sind, alle aus dem Weströmischen Reich; zwei von ihnen, die zufällig denselben Namen Constantius trugen, waren sogar laut Priskos ausdrücklich von Aëtius zu Attila geschickt worden. Daraus aber auf so etwas wie «Entwicklungshilfe» beim Aufbau eines «Beamtenstaates» (so noch Franz Altheim) zu schließen, wäre aus heutiger Sicht übertrieben. Die Sekretäre Attilas führten bei den Hunnen kein beschauliches Schreiberleben, sondern waren so etwas wie Sachwalter (west-)römischer Interessen in umfas-sendem Sinne. Es handelte sich dabei im übrigen um eine kei-neswegs ungefährliche Aufgabe: Einer der uns bekannten Sekre-täre verstrickte sich während der Kampagne von 441/42 n. Chr.

im Geflecht der widerstreitenden Loyalitäten und bezahlte dafür mit dem Leben.

Die Existenz von *logádes* und *hypographeís* allein reicht also nicht aus, um eine signifikante Änderung der hunnischen Herrschaftspraxis in der Zeit Attilas zu belegen. Statt dessen gibt es diesbezüglich einen anderen Hinweis in unseren Quellen. Wir haben oben gesehen, daß Attila um die Mitte der 440er Jahre n. Chr. einen Heermeistertitel von Kaiser Valentinian III. verliehen bekommen hat. Möglicherweise war damit sogar die militärische Aufsicht über bestimmte Provinzen des Weströmischen Reiches verbunden. In jedem Fall hat Attila ein regelrechtes Gehalt für seine «Leistungen» bezogen, soweit man von solchen überhaupt sprechen kann; Prestigegüter und Subsidien wurden also weiterhin ins Hunnenreich transferiert, wenn auch unter anderer Benennung.

Die Tatsache, daß Attila es zugelassen hat, wenn auch nur nominell, in den militärischen Administrationsapparat des Imperiums integriert zu werden, läßt aufhorchen. Sie stellt ein echtes Indiz dafür dar, daß der Hunnenkönig in den 440er Jahren n. Chr. eine Neuausrichtung seiner Politik gegenüber Ravenna und Konstantinopel ins Auge gefaßt hat, und es ist hinsichtlich unserer Quellenlage geradezu bestürzend, daß sie uns nur so beiläufig und geradezu versteckt von Priskos überliefert worden ist (vgl. Priskos frg. 11,2 Blockley, 627–631). Wir werden aber sehen, daß es noch einen weiteren Hinweis darauf gibt, daß Attila nach Erringung der Alleinherrschaft eine tiefere Integration in die römische Welt wünschte.

8. Die Überschreitung des Zenits:
Attilas Scheitern (450 bis 453 n. Chr.)

Im Frühjahr 450 n. Chr. machte sich erneut eine Gesandtschaft aus Konstantinopel auf den Weg zu Attila. Die Mission, die den hochangesehenen Emissären Nomus und Anatolius anvertraut war, hatte eine schwierige Aufgabe vor sich, denn seit dem Friedensschluß zwischen Attila und Kaiser Theodosius II. vor fast drei Jahren hatten sich die beiderseitigen Beziehungen stetig verschlechtert. Die Gesandtschaft des Vorjahres, an der der uns inzwischen wohlbekannte Priskos teilgenommen hatte, war gar in einem Desaster geendet: In ihrem Verlauf war ein Komplott des Hofes von Konstantinopel gegen Attila ans Licht gekommen. Einer der wichtigsten Berater des Kaisers, der Eunuch Chrysaphius, hatte ein Attentat auf den Hunnenkönig ins Werk setzen wollen; alles war jedoch ans Licht gekommen, und jetzt war guter Rat teuer.

Angesichts der schwierigen Ausgangslage waren die Ergebnisse, die Nomus und Anatolius nach Konstantinopel zurückbrachten, eine Sensation: Attila hatte sie zwar wie gewöhnlich mit Drohungen und ostentativem Zorn empfangen, doch in der Sache machte er Zugeständnisse. Die Friedensgarantien von 447 n. Chr. wurden erneuert. Hinsichtlich der Überläuferproblematik signalisierte der Hunnenkönig Kompromißbereitschaft. Am erstaunlichsten jedoch war, daß die Hunnen die entmilitarisierte Pufferzone südlich der Donau aufzugeben bereit waren; die römische Armee konnte also wieder an den Fluß vorrücken und die dortigen Befestigungen ausbessern. Wie waren all diese Zugeständnisse zu erklären?

Offensichtlich hatte sich hinter den Kulissen ein Kurswechsel Attilas vollzogen. Der Hunnenkönig hatte sein Augenmerk nach Westen gerichtet. Schon zeitgleich mit der Priskos-Gesandtschaft waren Emissäre aus dem Weströmischen Reich zu den Hunnen gekommen, um Streitpunkte zu verhandeln. Wir wissen, daß im Jahre 448 n. Chr. ein gewisser Eudoxius Zuflucht bei Attila gesucht hat; es handelt sich unserer dürftigen Überlieferung nach um einen Anführer der Bagauden, einer Aufstandsbewegung, die vor allem in Gallien und Spanien während des 5. Jahrhunderts der Regierung in Ravenna schwer zu schaffen machte. Möglicherweise hat Attila durch die Aufnahme des Eudoxius schon «Argumente» für ein Eingreifen im Westen gesammelt. Kurze Zeit später sehen wir ihn in einen Erbfolgestreit bei den Franken involviert, mutmaßlich am Rhein, jedenfalls weit entfernt von der mittleren und unteren Donau. Es spricht also einiges für diese These: Attila hat sich kurz vor der Jahrhundertmitte bereits stark für das Weströmi-

sche Reich und seine politischen Probleme, seine «Sollbruch-
stellen», interessiert.

Das Eindringen in die politische Sphäre des Westens wurde
Attila erleichtert durch die sogenannte Honoria-Affäre, die
ebenfalls in dieser Zeit, um 449/50 n. Chr., die Kaiserhöfe in
Ravenna und Konstantinopel erschütterte. Folgendes hatte sich
zugetragen: Honoria war die ältere Schwester von Kaiser Valentinian III. Seit der Wiedereinsetzung der theodosianischen Dynastie im Weströmischen Reich 425 n. Chr. führte sie bei Hofe
ein mit allerlei Ehren ausgestattetes, aber doch eher zurückge-
zogenes Leben. Offensichtlich war ihr dieselbe Rolle zugedacht,
die auch die Schwestern des oströmischen Kaisers Theodosius' II.
seit Jahr und Tag spielten, nämlich durch fromme Werke und
ehelose Tugendhaftigkeit das Ansehen der Dynastie zu mehren.
Honoria hingegen scheint den Ansprüchen, die an sie herangetragen wurden, auf Dauer nicht gerecht geworden zu sein. Als
sie mit ihrem Vermögensverwalter Eugenius ein Verhältnis ein-
ging und vielleicht sogar von ihm schwanger wurde, löste sie
freilich eine Kette von Eskalationen aus, deren Gefährlichkeit
für die Beteiligten nicht von vornherein absehbar war.

Kaiser Valentinian III., der um die Reputation der Dynastie –
und vielleicht auch um das labile Machtgleichgewicht bei Hofe
– fürchtete, handelte schnell und erbarmungslos. Eugenius wurde hingerichtet, Honoria aller Ehren entkleidet und mit einem
vornehmen, aber politisch ungefährlichen Senator namens Her-
culanus verlobt. Doch hatte der Kaiser den Widerstandsgeist
seiner Schwester offenbar unterschätzt: Über ihren Eunuchen
Hyacinthus stellte Honoria Kontakt zu Attila her und forderte
ihn auf, sie aus ihrer mißlichen Lage zu befreien. Als Unterpfand
dessen, daß es ihr ernst war, ließ sie ihm einen goldenen Ring
zukommen, ein Umstand, der vom König der Hunnen als Ange-
bot zur Verlobung interpretiert wurde.

Die ganze Geschichte ist so, wie sie uns von den Quellen erzählt wird, voll von «sex and crime». Ob ihre einzelnen Ingredienzien, zum Beispiel die Sendung des goldenen Rings, historisch sind, darüber kann man streiten. Es kann sein, daß Attila
auch auf anderem Wege, zum Beispiel durch eine Gesandtschaft,

von den Querelen innerhalb des weströmischen Kaiserhofes erfahren hat. Auf jeden Fall hat er die günstige Gelegenheit aufgegriffen: In den folgenden Monaten spielte er konsequent die Rolle von Honorias «Champion» und forderte ihre Auslieferung. Er hatte ganz richtig begriffen, daß die Ereignisse um die gefallene Kaiserschwester ihm eine einzigartige Chance boten, in das labile Machtgeflecht einzudringen, das das Weströmische Reich zu diesem Zeitpunkt noch zusammenhielt. So entfaltete sich seit Beginn des Jahres 450 n. Chr. zwischen Attila einerseits und den Höfen in Ravenna und Konstantinopel andererseits ein diplomatischer Prozeß, dessen Scheitern geradewegs in den großen Krieg der Jahre 451/52 führte.

Es sollte sich bald herausstellen, daß Attilas Versuche, seine diversen Kontrahenten auf römischer Seite gegeneinander auszuspielen, nicht von Erfolg gekrönt waren. Zwar trat der oströmische Kaiser Theodosius II., als er von der Honoria-Affäre erfuhr, dafür ein, seine Cousine an Attila auszuliefern; die Verheerungen des letzten Hunnenkrieges waren noch in frischer Erinnerung, und die Ergebnisse der Gesandtschaft des Nomus und des Anatolius sollten offenbar nicht gefährdet werden. Doch Theodosius starb überraschend am 28. Juli 450 n. Chr. Sein Nachfolger Marcian aber vollzog in den kommenden Monaten eine Kehrtwende in der oströmischen Hunnenpolitik. Er stellte die Zahlung der im Anatoliusfrieden vereinbarten Jahrgelder ein und signalisierte den Hunnen gegenüber auf diese Weise die Bereitschaft zur kriegerischen Auseinandersetzung. Attila war dadurch gezwungen, sich zu entscheiden, was ihm wichtiger war: die Bewahrung des Status quo aus dem Jahre 447 oder der Griff nach der neuen Chance im Westen. Nach kurzem Zögern entschied sich der Hunnenkönig schließlich für die zweite Option.

Noch im Winter 450/51 n. Chr. erfolgte zwischen den Mächten ein reger Gesandtschaftsaustausch. Attila forderte noch immer die Auslieferung Honorias und verband damit nun Ansprüche auf eine Herrschaftsbeteiligung im Weströmischen Reich. Andererseits empfahl er sich Kaiser Valentinian III. als «Freund» *(amicus)* und bot sich ihm als Verbündeter gegen das Reich der

Westgoten in Gallien an. Überhaupt kristallisierte sich immer
mehr heraus, daß die künftigen kriegerischen Auseinandersetzungen nicht in Italien ausgetragen würden, sondern in diesem
Teil des Reiches. Gallien war eine wichtige Grundlage für die
Macht des Aëtius, des obersten Heermeisters von Valentinian III.; durch seine jahrzehntelange Tätigkeit in diesem Raum
verfügte er hier über viele gute Kontakte. Zahlreiche barbarische *gentes*, unter ihnen eben auch die Westgoten in Aquitanien,
waren ihm durch Bündnisse verpflichtet. Es war also für Attila
nicht abwegig, genau hier die erste Entscheidung zu suchen.
War erst einmal die «Hausmacht» des Aëtius in Gallien vernichtet, so würde er mit Italien leichtes Spiel haben.

Freilich blieb auch die Gegenseite nicht untätig. Im Winter
450/51 n. Chr. bekräftigten Ravenna und Konstantinopel ihre
übereinstimmenden Standpunkte gegenüber Attila und seinen
Forderungen. Daß es Attila nicht gelungen war, Ost und West
auseinanderzudividieren, war ein erster wichtiger Erfolg für die
römischen Verantwortlichen. Rein militärisch betrachtet, stellte
sich die Lage allerdings schwierig dar. Italien war durch eine
erst seit kurzem überwundene Hungersnot ausgelaugt und bot
so kaum die Mittel, um ein großes Heer zu rekrutieren und zu
versorgen. Alles kam darauf an, ob es dem Heermeister Aëtius
gelingen würde, die barbarischen Verbündeten des Weströmischen Reiches, vor allem die gentilen Königreiche der Germanen in Gallien, für den Kampf gegen die Hunnen zu mobilisieren. Als Attila im Frühjahr 451 n. Chr. mit seinem vielgestaltigen Heer nach Westen aufbrach, war dieses zentrale Problem
noch nicht gelöst.

Die Kampagne des Jahres 451 mit ihrem dramatischen Höhepunkt, der Schlacht auf den Katalaunischen Feldern, hat sich
tief ins kollektive Gedächtnis des Abendlandes eingeprägt. Das
ist um so verwunderlicher, als wir über ihren genauen Ablauf
teilweise nur sehr mangelhaft informiert sind. Der schon von
den Zeitgenossen erkannte epochale Charakter des Geschehens
mag dazu paradoxerweise beigetragen haben. Denn während
zahlreiche Städte, Senatoren, Bischöfe und barbarische *gentes*
nach 451 n. Chr. darin wetteiferten, *ihr* Mitwirken, *ihren* Bei-

trag an den Ereignissen zu akzentuieren oder jedenfalls nicht in Vergessenheit geraten zu lassen, schied das Weströmische Reich und mit ihm der Heermeister Aëtius schon früh als Gestalter der Traditionsbildung aus: Schon im Jahre 461 spaltete sich Nordgallien von Ravenna ab, und am 4. September 476 n. Chr. erlosch die Institution des weströmischen Kaisertums nach rund 500 Jahren ununterbrochener Dauer auch in Italien selbst. Die Konfusion, die in unserer Überlieferung vielerorts herrscht, mag also mit dieser und anderen Voraussetzungen zusammenhängen, unter denen sie zustande kam.

Zu Beginn des Jahres 451 n. Chr. zog Attila vom mittleren Donauraum aus nach Westen; welchen Weg genau er dabei wählte, ist unbekannt. Unterwegs gesellten sich immer neue Kontingente von Hilfsvölkern zu seinem Heer, darunter Thüringer, Burgunden und Franken. So befanden sich, als der Hunnenkönig, vielleicht bei Koblenz, den Rhein überschritt, zwar nicht Hunderttausende, wohl aber einige Zehntausend Krieger in seiner Gefolgschaft. Archäologische Zerstörungshorizonte und das Zeugnis von Heiligenviten erlauben es, den weiteren Vormarsch Attilas nachzuzeichnen. Demnach stieß er moselaufwärts ins Innere des Reiches vor und erreichte zuerst die alte Kaiserresidenz Trier; von dort aus ging es weiter nach Metz, Reims und Troyes, bis das Hunnenheer, schon tief im Innern Galliens und an der Grenze zum Westgotenreich, vor Orléans anlangte. Hier stockte der Vormarsch, denn die Einwohner der Stadt, angeführt von ihrem tatkräftigen Bischof Anianus, setzten sich erbittert zur Wehr und waren entschlossen, bis zum Eintreffen eines Entsatzheeres der Belagerung durch Attila standzuhalten.

Den Mut der Bewohner von Orléans kann man in dieser Situation nur bewundern, denn im Grunde war die militärische Gesamtlage, wie sie sich Anfang Juni 451 n. Chr. darstellte, alles andere als rosig. Noch immer war es den weströmischen Verantwortlichen nicht gelungen, eine Verständigung mit ihrem wichtigsten potentiellen Bündnispartner in Gallien, den Westgoten, herbeizuführen. Deren König Theoderich I. befürchtete, eine Unterordnung unter den Oberbefehl des Aëtius für die Zeit der Kampagne gegen die Hunnen könne negative Auswirkun-

gen auf den Status seiner *gens* innerhalb des Imperiums insgesamt haben. Erst im letzten Moment erklärte sich der Westgo-
tenherrscher deshalb dazu bereit, das weströmische Oberkommando zu unterstützen. Die «hunnische Alternative», deren bedrohliche Realität in Orléans mit jedem Tag, an dem nichts geschah, näherrückte, erschien dann doch zu beunruhigend und
fremdartig gegenüber der «römischen Alternative», die man seit
Jahrzehnten kannte und deren verhältnismäßige Berechenbarkeit man kennen- und schätzengelernt hatte.

Noch Anfang Juni gelang es also Aëtius und seinen Emissären, ein gegen die hunnische Bedrohung gerichtetes Bündnis mit
Theoderich I. zu schmieden. Dann ging alles Schlag auf Schlag:
Orléans wurde am 14. Juni entsetzt. Attila, der gerade noch
kurz davor gestanden hatte, mit den der Belagerung endlich
müden Einwohnern der Stadt ein Kapitulationsabkommen um-
zusetzen und so die Früchte seiner wochenlangen Bemühungen
zu ernten, sah sich jetzt vor einer völlig neuen Lage. Seine Offensive war gebrochen; seine Hauptfeinde – Römer und Westgoten – hatten sich wider Erwarten doch noch vereinigt. Die
Hunnen zogen sich in Richtung auf Troyes zurück. Auf den
campi Mauriacenses, nicht auf den *campi Catalaunici*, wie eine
schon spätantike gelehrte Konstruktion es gewollt hat, erwarteten sie die Entscheidungsschlacht. Nur ein eindeutiger Sieg
konnte die Kampagne von 451 n. Chr. jetzt noch zu einem Erfolg für Attila machen.

Wohl um den 20. Juni 451 n. Chr. entfaltete sich die Entscheidungsschlacht zwischen den Heeren des Aëtius und Attilas. Es
war wirklich eine «Völkerschlacht», blickt man allein auf die
Namen der zahlreichen *gentes*, die laut unseren Quellen an den
Kämpfen teilgenommen haben: Römer, Westgoten und Franken, Hunnen, Burgunden, Ostgoten und Gepiden, um nur die
bedeutendsten zu nennen. Über den Ablauf der Ereignisse im
einzelnen sind wir leider nur sehr unzureichend informiert.
Schon frühzeitig, wohl durch Priskos, ist die Überlieferung vom
Geschehen auf den Katalaunischen Feldern unter rhetorischen
Vorzeichen nachhaltig gestaltet worden. Sicher ist jedenfalls,
daß am Ende wechselvoller Kämpfe Attilas Heer so schwere

Verluste erlitten hatte, daß es am Folgetag die Schlacht nicht mehr zu erneuern vermochte. Freilich, auch auf römischer Seite war die Lage angespannt: Aëtius hatte es ebenfalls nicht gewagt, auf dem Schlachtfeld zu nächtigen. Seine wichtigsten Verbündeten, die Westgoten, beklagten den Tod ihres langjährigen Königs Theoderich I. Dessen Sohn Thorismund wollte nicht zuschauen, wie seine Brüder in der fernen westgotischen Hauptstadt Toulouse ihm die Nachfolge streitig machten. Doch er war nicht der einzige, der heimwärts strebte: Die Franken, deren innere Konflikte – neben anderen Umständen – es Attila einst ermöglicht hatten, die Tür nach Gallien einen Spalt zu öffnen, wurden nervös bei dem Gedanken, daß das geschlagene hunnische Heer seinen Rückweg ins Barbarikum gerade über ihre Siedlungsgebiete am Rhein nehmen und sich an den dortigen Dörfern und Gehöften für die Niederlage schadlos halten würde. So kam es im Angesicht des Sieges bei den Katalaunischen Feldern zu der heute geradezu paradox erscheinenden, im Grunde aber folgerichtigen Entwicklung, daß die Koalition der Sieger augenblicklich zerfiel. Mit seinen ihm verbliebenen Truppen konnte Aëtius den Kampf gegen Attila nicht mehr bis zur endgültigen Entscheidung weiterführen. Der unvermutet davongekommene Hunnenkönig zog sich mit seinem Heer über den Rhein zurück und gelangte, geschlagen, aber nicht besiegt, ins Zentrum seines Machtbereichs an der mittleren und unteren Donau zurück.

Noch zum Ende der Kriegssaison 451 n. Chr. unternahm Attila einen Vorstoß ins Oströmische Reich, vielleicht mit der Absicht, seinen Kriegern noch einmal die Chance auf Beute und Gewinn zu eröffnen und so die verlustreiche Kampagne dieses Jahres mit einem Erfolg versöhnlich ausklingen zu lassen. Sollte das seine Absicht gewesen sein, so wurde sie durch Kaiser Marcian gründlich durchkreuzt. Nach einigen Gefechten wurden die hunnischen Scharen wieder über die Grenze zurückgetrieben. Die Situation blieb also für Attila prekär: Er hatte keines seiner Ziele erreicht. Honoria war immer noch in kaiserlichem Gewahrsam, Aëtius befand sich weiterhin in Amt und Würden, das Geflecht an persönlichen und vertraglichen Verbindungen, das das Weströmische Reich in diesen Jahren noch notdürftig zusammenhielt, war durch die Offensive des Hunnenkönigs wider Erwarten sogar noch stabiler geworden. Nur ein weiterer Feldzug, diesmal ins «Herz» des Weströmischen Reiches, nach Italien, mochte die Möglichkeit dazu bieten, die unbefriedigenden militärischen und politischen Ergebnisse der vergangenen Monate zu korrigieren.

Der Feldzug des Jahres 452 n. Chr. begann spät. Offensichtlich hatten auch die Hunnen eine gewisse Zeit benötigt, um sich von den Verlusten der vorigen Saison zu erholen. Attila überschritt die Donau und suchte dann über die verhältnismäßig leicht zu überquerenden Julischen Alpen den direkten Weg nach Oberitalien. Das war zweifellos die richtige Vorgehensweise; auch andere Invasoren vor und nach ihm haben erfolgreich dieselbe Route beschritten. Erst vor Aquileia – traditionell das «Tor» nach Italien auf dieser Seite – stieß das Hunnenheer auf ernsthaften Widerstand; Attila mußte zur Belagerung schreiten.

Im Grunde hätte sich im Sommer 452 n. Chr. vor Aquileia dasselbe Szenario entfalten können wie ein Jahr zuvor im Falle von Orléans. Attila lag wochenlang vor der Stadt fest, seine Offensive büßte ihre gesamte Durchschlagskraft ein und eröffnete so Kaiser Valentinian III. und seinem Heermeister Aëtius die Chance, den Widerstand Oberitaliens zu organisieren und sogar ein Entsatzheer heranzuführen. Doch nichts dergleichen geschah: Am 18. Juli 452 n. Chr. fiel Aquileia in die Hände der Hunnen und wurde schwer geplündert. Attila setzte weitgehend ungehindert seinen Weg ins Innere Italiens fort. Dem Nordufer des Po folgend, drangen seine Heere bis nach Pavia und Mailand vor. Ein weiteres Mal gelang dem Hunnenherrscher die Eroberung einer Kaiserresidenz.

Von irgendwelchen Verteidigungsanstrengungen, etwa des Aëtius, erfahren wir in den Sommermonaten des Jahres 452 n. Chr. seltsamerweise nahezu nichts. Weder scheint es zu einer Schlacht gekommen zu sein, noch sind weitere Maßnahmen der Reichsregierung in unseren Quellen verzeichnet. Lediglich der Bischof Hydatius von Aquae Flaviae (Chaves) im fernen Portugal notierte in diesen Tagen in seine Chronik, ein gewisser *Aeti-*

Eine italienische Medaille aus dem frühen
16. Jh.: Auf dem Avers (Vorderseite) *Attila rex*,
dargestellt mit Hörnern wie ein Satyr. Auf
dem Revers (Rückseite) Darstellung der von
den Hunnen am 18. Juli 452 n. Chr. erober-
ten Stadt Aquileia.

us dux habe bei der Bekämpfung
der Hunnen in Italien eine Rolle gespielt. Er habe Kontingente in die
Schlacht geführt, die der oströmische Kaiser Marcian seinem Kollegen im Westen des Imperiums zu
Hilfe geschickt habe (Hyd. *chron.*
154 s. a. 453). Der Wert und die ge-
naue Einordnung dieses Zeugnisses
ist umstritten, doch ist es zumindest
ein Indiz dafür, daß die römische
Seite im Sommer 452 n. Chr. nicht
gänzlich untätig geblieben ist.

Hydatius schreibt, die Hunnen hätten während ihres Vor-
marsches in Italien viel Beute gemacht, jedoch auch durch Hun-
ger und Krankheit Verluste erleiden müssen. Von Berichten über
andere Feldzüge in der Poebene, mit ihrem zäh dahinfließenden
Strom und ihren zahlreichen stehenden Gewässern, wissen wir,
daß dort die Gefahr von Seuchen im Hochsommer besonders
groß war. Ist es nicht verwunderlich, daß Attila im Verlaufe der
Kampagne von 452 n. Chr. nie den Po überschritten und den
direkten Weg nach Ravenna oder Rom gesucht hat? Statt dessen
zog er sich nach Osten zurück. Die Gesandten Kaiser Valentinians III., unter ihnen Papst Leo der Große, trafen ihn schließlich am Fluß Mincio an. Der Hunnenkönig drohte zwar immer
noch, forderte einmal mehr die Herausgabe der Honoria, aber
er war zu weit von seinen politischen und militärischen Zielen
entfernt, um wirkungsvoll Druck ausüben zu können. Es bedurfte nicht des Papstes, um Attila in dieser Situation zu Zuge-
ständnissen substantieller Art zu bewegen. Die «Geißel Gottes»
hatte auch so, nachdem zweimal der Vorstoß auf das vermeint-

Unterstützt von den Heiligen Petrus und Paulus tritt Leo der Große im Jahre 452 n. Chr. Attila entgegen. Marmorrelief auf dem Grabdenkmal des Papstes im Petersdom von Alessandro Algardi 1646/53.

lich so schwache Weströmische Reich gescheitert war, ihren
Schrecken vorerst verloren.

9. Attilas Tod 453 n. Chr.
und der Zerfall seines Reiches

Am Ende des Jahres 452 n. Chr. stellte sich Attilas Position
schwieriger dar als je zuvor, seit er die alleinige Macht im Hunnenreich an der mittleren und unteren Donau an sich gerissen
hatte. Der Vertrag, den er mit Kaiser Theodosius II. im Jahre
447 geschlossen hatte, war von dessen Nachfolger Marcian zer-
rissen worden. Dadurch daß die Feldzüge nach Gallien und Italien 451/52 n. Chr. mißglückt waren, hatte der Hunnenkönig
sich auch keinen Ersatz für die Subsidien verschaffen können,
die ihm von Konstantinopel vorenthalten worden waren. Wie
sollte die Prestigehierarchie innerhalb des Hunnenreiches jetzt
noch aufrechterhalten werden, da das «Schmiermittel» in Attilas Machtgebilde – Geld, Waren und Luxusgüter aus dem mediterranen Kulturraum – nicht mehr ins Barbarikum gelangte?
  Doch nicht nur militärisch, auch politisch hatten sich die Un-
ternehmungen der letzten Jahre als veritable Fehlschläge erwiesen. Trifft es zu, daß Attila durch sein Verhalten seit etwa 445
n. Chr. eine stärkere Verbindung seiner Interessen mit denen des
Weströmischen Reiches beabsichtigt hat, so dokumentieren die
Resultate der Jahre 451 und 452 den Mißerfolg dieser Politik:
Der Plan, sich mit dem theodosianischen Kaiserhaus durch die
Gewinnung Honorias zu verschwägern, war jedenfalls eindeu-
tig und, wie sich zeigen sollte, endgültig gescheitert. Mit seinen
kriegerischen Handlungen gegen Ravenna aber hatte Attila
auch seinen Anspruch auf das Heermeisteramt, den er einst un-
blutig in Verhandlungen durchgesetzt hatte, eingebüßt. Es blieb
dem Hunnenkönig verwehrt, sich den Eintritt ins Reich und gar
in die Familie des Kaisers gewaltsam zu ertrotzen, wie es vor
Jahren dem Westgoten Athaulf gelungen war und später dem
Vandalen Hunerich glücken sollte. Lag es daran, daß die beiden
ostgermanischen Herrscher Christen waren, Attila aber bis zum
Tode seiner heidnischen Tradition verbunden blieb? Sicher war

dies nicht der ausschlaggebende Punkt, es war aber ein weiteres Symptom dafür, wie weit auseinander die hunnische und die römische Lebenswelt um 450 n. Chr. noch immer lagen. Attila ist es in der Zeit seiner Alleinherrschaft nicht gelungen, diese Sphären «politisch» einander anzunähern. Eine Institutionalisierung seiner Herrscherposition unter römischen Vorzeichen – sei es nun als Heermeister oder als Schwager des Kaisers – glückte ihm nicht. So beruhte seine Herrschaft weiterhin auf persönlichem Prestige und der langfristig ungewissen Verfügungsgewalt über die vom Imperium ins Barbarikum strömenden Luxusgüter. Eine neue Qualität der hunnischen Machtbildung nördlich der Donau, die alternative Möglichkeiten eröffnet hätte, die eigene Unabhängigkeit und Sicherheit gegenüber dem Reich dauerhaft zu wahren, ist hingegen nicht zu erkennen: Das Attilareich drohte, ein ephemeres Machtgebilde zu bleiben.

Noch am Ende der Kriegssaison 452 n. Chr., nach seiner Rückkehr aus Italien, hatte Attila verlauten lassen, er werde im nächsten Jahr den Krieg gegen das Ost- und das Westreich wieder aufnehmen. Von etwaiger Resignation hören wir nichts. So mag zwar insgesamt auf römischer Seite die Erleichterung über die Erfolge der zurückliegenden Kampagnen überwogen haben, aber die Verantwortlichen in Ravenna und Konstantinopel mußten dennoch fürchten, daß die Hunnengefahr für die Zukunft noch keineswegs gebannt war. Um so überraschender war es deshalb, daß sich zu Beginn des Jahres 453 n. Chr. die Kunde verbreitete, Attila sei ganz plötzlich verstorben. Nicht im Kampf war der glorreiche Barbarenkönig gefallen, sondern nach der Hochzeit mit Ildico, dem letzten Mädchen, das er heimführte, sanft im eigenen Bett entschlafen. Es war ein merkwürdiges Ende für einen Mann, der seine ganze Herrschaftszeit hindurch vor allem als Krieger auf sich aufmerksam gemacht hatte. Auch Attilas hunnischen und nichthunnischen Gefolgsleuten ist das nicht entgangen, doch als sie ihren König zu Grabe trugen, sangen sie ihm ein Lied, das dem ruhmlosen Ende der «Geißel Gottes» doch noch etwas Positives abzugewinnen vermochte: «Der Hunnen vornehmster König Attila, seines Vaters Mundzuc Sproß, der tapfersten Völker Herr, der mit vor ihm unerhörter

Attilas Tod in der
Hochzeitsnacht
mit Ildico. Miniatur
in einer Hand-
schrift der Sächsi-
schen Weltchronik
aus dem 14. Jh.

Macht allein die skythischen und germanischen Königtümer be-
saß, des römischen Erdkreises beide Imperien durch Raub der
Städte schreckte und durch Bitten, daß der Rest nicht zur Beute
werde, besänftigt, Jahrgelder annahm; und als er all dies im
Fortschreiten des Glückes vollbracht hatte, nicht durch Feindes-
hand, nicht durch Trug der Seinen, sondern unversehrten Stam-
mes unter Freunden fröhlich schmerzlos dahinging: Wer also
möchte dies einen Tod nennen, wo niemand Rache heischen
kann?» (Iord. *Get.* 257, Übers. Otto J. Maenchen-Helfen)

Die hunnische Machtbildung nördlich der Donau befand sich
durch Attilas Tod in einer Lage, die schwierig, aber keinesfalls
ausweglos war. Schon 408 n. Chr. nach dem Scheitern Uldins
und 434 n. Chr. nach dem plötzlichen Tod Rugas durchlebte die
von den Hunnen geführte barbarische Kriegergemeinschaft eine
Krise, die jedoch in beiden Fällen gemeistert werden konnte. Attila war nun zwar ein besonders mächtiger Hunnenkönig gewesen, aber auch er war ersetzbar. Voraussetzung dafür war allerdings entweder, daß seine Erben Einigkeit zeigten oder daß einer
von ihnen stark genug war, um die übrigen unter seine Botmäßigkeit zu zwingen. Beide Voraussetzungen waren freilich, wie
sich zeigen sollte, nach dem Tode Attilas nicht gegeben.

Jordanes, dessen Angaben auf Priskos fußen und der uns am
ausführlichsten informiert, schreibt, nach Attilas Tod hätten
dessen Söhne «eine gleichmäßige Verteilung der *gentes* unter
sich» beabsichtigt, «so daß kriegerische Könige mit ihren Völ-

kern wie Leibeigene verlost würden.» (Iord. *Get.* 259) Insbesondere die verdienten, nichthunnischen *logádes*, allen voran der Gepide Ardarich, verbaten sich eine solche Behandlung, dabei stand sie durchaus in bester hunnischer Tradition. Auch Bleda und Attila hatten nach dem Tod ihres Onkels dessen Erbe unter sich aufgeteilt; als im Jahre 445 n. Chr. dann der Bruch zwischen den Brüdern erfolgte, mußte Attila die *populi* seines Bruders erst gewaltsam seinem eigenen Herrschaftsbereich einverleiben. Es kam also in der Situation acht Jahre später nur zur Wiederholung eines sozusagen altbekannten Szenarios: Unter Ardarichs Führung bildete sich eine Koalition von nichthunnischen und sicher auch hunnischen Kriegern, die sich der sich abzeichnenden Erbregelung nach dem Tode Attilas widersetzen wollten. Ihnen gegenüber befand sich das Gros der hunnischen Kämpfer unter der Führung von Attilas ältestem Sohn Ellac.

Das Schicksal des Attilareichs wurde Jordanes zufolge durch die Schlacht am Nedao entschieden. Eine überzeugende Lokalisierung dieses Flusses ist bis heute zwar nicht gelungen, doch spricht viel dafür, ihn im Süden der pannonischen Provinzen, etwa im Einzugsbereich der Save zu suchen. An diesem Ort jedenfalls fand, vermutlich im Jahre 454 n. Chr., die Entscheidungsschlacht zwischen Ardarich und Ellac statt. Attilas Sohn fiel dabei im Kampf, und mit ihm erlosch auch, wie sich zeigen sollte, die Perspektive für eine Fortexistenz des nördlich der Donau gelegenen Hunnenreiches unter neuen Vorzeichen. Denn keiner von Ellacs Brüdern hatte nach der Niederlage am Nedao noch so viel Macht und Autorität, um den Kampf um das Attilareich in seiner Gänze fortzusetzen. Selbst barbarische *gentes* wie zum Beispiel die Ostgoten Valamirs, die Ellac noch die Treue gehalten hatten, kehrten sich nun von den Hunnen ab und suchten ihr Überleben losgelöst von diesen sicherzustellen. Dies aber konnte nur bedeuten, daß sie die «hunnische Alternative» hinter sich ließen und Kontakt zum Römischen Reich aufnahmen.

In den Jahren nach 454 n. Chr. wurde der gesamte mittlere und untere Donauraum machtpolitisch neu vermessen. Mit einem Mal taten sich den Kaiserhöfen in Ravenna und Konstantinopel ungeheure Möglichkeiten auf, Perspektiven, wie sie seit

Jahrzehnten nicht mehr vorhanden gewesen waren. Im Weströmischen Reich phantasierte Sidonius Apollinaris im Verlauf
einer Prunkrede auf den neuen Kaiser Avitus allen Ernstes von
einer «Wiedergewinnung der pannonischen Provinzen» *(revo-
catio Pannoniarum)*, einem Ansinnen, das in dieser Zeit sicherlich außerhalb der Möglichkeiten Ravennas war (Sidon. *carm.*
7, 589 f.). Anders stellte sich die Lage im Osten dar: Kaiser Marcian nutzte beherzt die unverhoffte Chance und versuchte in der
Folgezeit, Sieger und Verlierer der Nedaoschlacht gleichermaßen durch Verträge an sich zu binden. Bei vielen barbarischen
Gruppen hatten seine Offerten Erfolg: Die Gepiden unter ihrem
König Ardarich, die das Kerngebiet der Hunnenmacht beiderseits der Theiß in Besitz genommen hatten, schlossen mit Marcian ein Bündnis, doch neben dieser großen *gens* gab es viele
andere kleinere und größere barbarische Gruppen, die in diesen
Jahren, angelehnt an das Reich, eine neue «politische» Identität
auszubilden versuchten. Der riesige «Stammesschwarm», dessen Anführer die hunnischen *phylarchoi* und *reges* seit dem ausgehenden 4. Jahrhundert n. Chr. gewesen waren und der unter
Attila für einige Jahre eine beachtliche Kohärenz aufgewiesen
hatte, zerfiel jetzt binnen kurzer Zeit in seine Bestandteile.

Für die Hunnen war der jähe Zusammenbruch ihrer Machtstellung nördlich der Donau natürlich ein ebenso einschneiden-
des Ereignis wie für die barbarischen *gentes*, die sie bisher be-
herrscht hatten. Attila war es in der Zeit seiner Alleinherrschaft
gelungen, den größten Teil der hunnischen Clans in sein Reich
einzubinden oder sie hineinzuzwingen. Spätestens nach der Niederlage am Nedao 454 n. Chr. endete jedoch diese kurze Phase
einer schlagkräftigen, nahezu alle hunnischen Krieger vereinen-
den Kampfgemeinschaft. Wir erfahren in den folgenden Jahren
von zahlreichen Einzelpersonen und größeren oder kleineren
Gruppen, die den mittleren und unteren Donauraum verließen,
um ihr Auskommen auf eigene Faust zu suchen. Wie ihre nichthunnischen Schicksalsgenossen wandten sie sich vielfach an das
Oströmische Reich, wählten also die «römische Alternative». In
den folgenden Jahren begegnen wir Hunnen an verschiedenen
Stellen südlich der Donau, vor allem in der Provinz *Dacia ripen-*

sis im heutigen Bulgarien. Dort hatten sich zwei Verwandte Attilas, Emnetzur und Ultzindur, mit ihren Kriegern niedergelassen und lebten nun für einige Jahre in den Standorten Utus (Milkovica), Oescus (Gigen) und Almus (Lom). Es war für die römische Regierung keinesfalls immer einfach, die Neuankömmlinge, die noch vor wenigen Jahren zu den gefährlichsten Feinden des Imperiums gezählt hatten, unter Kontrolle zu halten. Immer wieder kam es zu Spannungen und kriegerischen Auseinandersetzungen; einige hunnische Gruppen wanderten erneut ins Barbarikum ab, andere wählten den umgekehrten Weg und kamen noch nach Jahren über die Donau herüber. Einzelne Hunnen wie Chelchal um 470 n. Chr. und Mundo in den Jahren nach 500 – letzterer vielleicht ein Nachkomme Attilas – machten sogar in der römischen Armee Karriere und stiegen bis in den Generalsrang auf. Um die Mitte des 6. Jahrhunderts n. Chr. wußte Jordanes noch von zahlreichen hunnischen Kriegern an der Donaugrenze zu berichten; ein Teil von ihnen wurde *fossatisii* genannt, ein Name, der sich von der spätrömischen Bezeichnung für «Militärlager» ableitet.

Hinsichtlich der zahlreichen Söhne Attilas und ihres weiteren Schicksals sind wir nur unzureichend unterrichtet. Ernac, laut Priskos der Lieblingssohn des Hunnenkönigs, zog nach der Schlacht am Nedao mit seinen Gefolgsleuten in die römische Provinz *Scythia minor*, die heutige Dobrudscha am Mündungsgebiet der Donau ins Schwarze Meer. Vielleicht ist das kein Zufall: Die Dobrudscha ist unter allen Landschaften Südosteuropas diejenige, die der eigentlich erst in der Ukraine beginnenden eurasischen Graslandzone hinsichtlich des Klimas und der Vegetation am ähnlichsten ist. Im Stich gelassen von ihren nichthunnischen, vorwiegend als seßhafte Bauern lebenden Hilfsvölkern, mögen die Hunnen Ernacs hier die besten Bedingungen vorgefunden haben, um ihrer traditionellen Lebensweise, noch dazu unter dem Schutz des Reiches, nachgehen zu können und so ihr Überleben sicherzustellen.

Im Gegensatz zu Ernac wählte ein weiterer Sohn Attilas namens Dintzic eine andere, auf kriegerische Auseinandersetzungen mit dem Reich hinauslaufende Alternative. Gestützt auf hunnische und nichthunnische Kontingente versuchte er in den 460er Jahren n. Chr. eine neue Machtbildung nördlich der Donau zu konstituieren. Freilich war er damit wenig erfolgreich. Nach der Schlacht am Nedao hatten die Hunnen den Zerfall ihrer multiethnischen Kriegergemeinschaft nicht verhindern können. Auch einst treue Verbündete wie die Ostgoten unter König Valamir und seinen Brüdern versagten ihnen nun die Gefolgschaft, doch der Versuch, sie daran zu hindern, endete mit einer abermaligen, blutigen Niederlage der Hunnen um 455 n. Chr.

Die Bedingungen, unter denen Dintzic in den 460er Jahren n. Chr. die machtpolitische Dominanz der Hunnen nördlich der Donau restituieren wollte, waren also denkbar schlecht. Jordanes spricht in seinem Bericht von den «wenigen, die noch immer unter seiner Herrschaft geblieben zu sein schienen» (Iord. *Get.* 272); offensichtlich war es eine zu geringe Anzahl von Gefolgsleuten, um noch einmal wirksam in das große Spiel um die Macht im mittleren und unteren Donauraum eingreifen zu können. Mit seinen Gefolgsleuten unternahm Dintzic um 465 n. Chr. zunächst einen Angriff auf die Ostgoten. Wäre es ihm gelungen, Valamir und seine Brüder entscheidend zu schlagen, hätte eine erneuerte hunnisch-ostgotische Kriegergemeinschaft den Nukleus eines neuen, schlagkräftigen Reiches nördlich der Donau bilden können. Doch das Schlachtenglück entschied anders: Vor Bassianae (Petrovci) in der Provinz *Pannonia II* wurde Dintzic besiegt und mußte sich ruhmlos aus dem Gebiet zurückziehen, das den Ostgoten vom römischen Kaiser zur Ansiedlung und Verteidigung überlassen worden war.

Wenig später sehen wir Dintzic an anderer Stelle, im unteren Donauraum, aktiv werden. Diesmal wandte er sich zunächst friedlich mit seinem Bruder Ernac an Kaiser Leo I., um nach all den Jahren des Krieges eine umfassende Verständigung mit dem Oströmischen Reich herbeizuführen. Vor allem ging es den Hunnen darum, daß wieder ein Marktplatz an der Donau eingerichtet würde, damit sie Produkte aus dem Reich eintauschen könnten, über die sie selbst nicht verfügten. Es war das alte, zu allen Zeiten an der Peripherie der eurasischen Kulturzone virulente

Problem der reiternomadischen Mangelwirtschaft, das hier nun noch einmal, ganz zum Ende der Geschichte der europäischen Hunnen sichtbar wird: Ohne den Zugriff auf die landwirtschaftlichen Erzeugnisse und die Luxusgüter der mediterranen Welt drohten die hunnischen Gruppen, die Dintzic und Ernac anführten, zu verarmen und letztendlich auseinanderzufallen.

Kaiser Leo I. befand sich bei den Verhandlungen mit Dintzic und Ernac in der zweiten Hälfte der 460er Jahre in einer komfortablen Position. Echte Gefahr hatte er von den Hunnen nicht mehr zu befürchten. So fiel denn der Bescheid an Attilas Söhne negativ aus; der Kaiser ließ es auf eine militärische Entscheidung ankommen. Letztendlich ist sein nicht risikoloses Kalkül aufgegangen: Während Ernac eine Auseinandersetzung mit dem oströmischen Reich scheute und sich fortan mit einem Schattendasein in *Scythia minor*, an der Peripherie des Imperiums, begnügte, griff Dintzic zu den Waffen. Gewaltsam wollte er nun wenigstens den Zutritt ins Reich ertrotzen, wenn ihm schon der Aufbau einer eigenen Machtposition im Barbarikum verwehrt blieb. Er überschritt also ein letztes Mal die Donau und vermochte einige Jahre lang tatsächlich die Balkanprovinzen in Unruhe zu versetzen. Seinen Zielen nahe kam Dintzic jedoch zu keiner Zeit; stets blieben die oströmischen Generäle Herr der Lage. Spätestens im Jahre 469 n. Chr. gelang es einem von ihnen, dem Heermeister Anagastes, Dintzic gefangenzunehmen und zu töten. Die Präsentation seines abgeschlagenen Hauptes in Konstantinopel erregte in der Bevölkerung großes Aufsehen. «Die ganze Stadt kam, um es anzusehen», wie es in einer Chronik heißt (*Chronicon Paschale* s. a. 468). Es war sozusagen das letzte Mal, daß der Hunnenkönig Attila und sein Clan den Menschen unmittelbar vor Augen traten. Freilich war es ein gefahrloser Schauder, dem sich die neugierigen Betrachter im sogenannten «hölzernen Circus» von Konstantinopel aussetzten; der Hunnenspuk, der Generationen von Römern immer wieder in Schrecken versetzt hatte, war mit dem Tode Dintzics, wie sich zeigen sollte, endgültig vorbei.

10. Das Nachleben der europäischen Hunnen
in der abendländischen Tradition

Schon bald nach der Schlacht auf den Katalaunischen Feldern setzt die Rezeptionsgeschichte dieses Ereignisses ein. Wenige Jahre nach 451 n. Chr. schrieb der bereits zweimal in diesem Buch erwähnte galloromanische Senator Sidonius Apollinaris einen Brief an Bischof Prosper von Orléans, in dem er von seiner – später allerdings aufgegebenen – Absicht erzählt, die Geschehnisse des «Attilakrieges» *(Attilae bellum)* in einem anspruchsvollen literarischen Werk zu verarbeiten (Sidon. *epist.*, 15). Die Rolle von Prospers Vorgänger Anianus, der sich bei dem Ringen um seine Bischofsstadt ja durch besondere Tapferkeit hervorgetan hatte, sollte in der Darstellung selbstverständlich eine nicht zu übersehende Rolle spielen. Die in unserem Brief zum Ausdruck kommende Haltung des Sidonius gegenüber seinem Stoff ist ganz bezeichnend und weist der gallischen Rezeption des Hunnenphänomens in den folgenden Jahrzehnten sozusagen den Weg: Anianus soll gerühmt werden und in den Herzen der Gläubigen auch künftig einen dauerhaften Platz einnehmen. *Dies* war der entscheidende Grund für Sidonius, vom Krieg gegen die Hunnen in Gallien zu erzählen, nicht etwa sein Interesse an dem historischen Ereignis als solchem. Als unser Autor spürte, daß er sein Werk über das *Attilae bellum* wegen der Größe des Gegenstandes nicht würde vollenden können, bot er seinem Briefpartner Prosper ohne zu zögern einen Panegyricus (ein Lobgedicht) auf Anianus an. Sein Ziel, «den Charakter, die Verdienste und die Tugenden» *(mores merita virtutes)* des bedeutenden Bischofs zu feiern, ließ sich auch so – und vielleicht sogar leichter, da unbeschwert von historisch notwendigem Beiwerk – erreichen.

In zahlreichen gallischen Bischofsviten des frühen Mittelalters können wir verfolgen, wohin der von Sidonius Apollinaris bereits eingeschlagene Weg führte. Vielfach wird in diesen Lebensbeschreibungen, denen es gleichfalls um die *mores merita virtutes* ihrer Helden ging, der Attilazug des Jahres 451 n. Chr. erwähnt. So wurde von Bischof Servatius von Tongern erzählt,

ihm sei der Hunnenzug nach Gallien bei einer Pilgerfahrt nach
Rom vom heiligen Petrus höchstpersönlich vorausgesagt worden, woraufhin er seinen Bischofssitz noch rechtzeitig ins si-
chere Maastricht habe verlegen können. Die heilige Genovefa
soll durch ihre Fürsprache bei Gott bewirkt haben, daß der Zug
Attilas im Jahre 451 nicht über Paris führte, sondern südöstlich
davon seinen Weg ins Innere Galliens nahm. Man könnte die
Reihe der Beispiele mühelos verlängern, doch schon jetzt wird
deutlich, worin die Funktion dieser Art von Überlieferung lag:
Sie diente dazu, Städte, Bischöfe und Heilige mit der großen
Weltgeschichte in Berührung kommen zu lassen und ihnen dadurch größere Bedeutung und überregionalen Glanz zu verleihen. Attila und seine Hunnen stellten im Rahmen dieser Inten-
tion lediglich noch ein unchristliches Bedrohungsszenario dar,
das durch Gottesmacht gebannt werden mußte; seine logische
Verankerung in einem historisch folgerichtigen Ablauf war im
Grunde aber nicht mehr erforderlich. Die Geschichte von Papst
Leo dem Großen, der sich 452 n. Chr. bei der Invasion Attilas
nach Italien dem Hunnenkönig mutig entgegengestellt und ihn
mit himmlischer Hilfe zur Umkehr bewegt habe, zählt zu genau
dieser Art von Überlieferung. Teilweise ist sie schon sehr bald
nach den historischen Ereignissen lanciert worden, im Falle der
Leo-Gesandtschaft zum Beispiel durch einen engen Mitarbeiter
des Papstes, Prosper von Aquitanien (vgl. Prosp. *chron.* 1367
s. a. 452). Durch die Kontinuität der kirchlichen Tradition hat
sie eine lange, teilweise bis heute reichende Wirkungsgeschichte
erfahren.

In den gallischen Heiligenviten des frühen Mittelalters ist Attila also bald keine im engeren Sinne historische Figur mehr; er
wurde darin zur Hülle, die man in den Dienst ganz unterschiedlicher Erzählintentionen stellen konnte. Eine solche «Entker-
nung» des historischen Attila können wir in ähnlicher Weise,
jedoch mit anderem Ergebnis, in der Überlieferung der völkerwanderungszeitlichen Germanen feststellen. Auf mehr oder weniger deformierte Weise hat diese Eingang gefunden in die Hel-
denlieder und Dichtungen des Mittelalters. Ohne Zweifel sind
etwa im sogenannten *Hunnenschlachtlied* (*Hlǫðskviða*, 9. Jahr-

hundert) und im *Nibelungenlied* (12. Jahrhundert) Spuren einer Erzähltradition vorhanden, die bis ins 5. Jahrhundert n. Chr. zurückreicht. Doch in welchem Verhältnis mag diese zu den historischen Ereignissen, wie sie «tatsächlich» abliefen, gestanden haben? Ein Beispiel für die Widersprüche und Ungereimtheiten, die uns etwa im *Nibelungenlied* begegnen, mag genügen: Das Heldenepos endet bekanntlich mit dem Untergang des Burgundenkönigs Gunther und seiner Geschwister am Hofe des Hunnenkönigs Etzel. Selbst wenn es nun ein solches burgundisches Königshaus in der Völkerwanderungszeit gegeben haben sollte, das auch noch am Oberrhein über ein «Reich von Worms» geherrscht hat, so wurde es doch ganz sicher nicht von Attila ausgelöscht, sondern von dem weströmischen Heermeister Aëtius im Jahre 436/37 n. Chr. Offensichtlich hatten die Gestalter des Nibelungenstoffs anderes im Sinn, als die Ereignisgeschichte des 5. Jahrhunderts getreulich abzubilden.

Der Etzel des mittelhochdeutschen und der Atli der altnordischen Literatur weisen Züge auf, die in ihrer Gegensätzlichkeit die unterschiedlichen Erfahrungen, die die Germanen mit Attila gemacht hatten, durchaus widerspiegeln. So erscheint der Hunnenkönig im *älteren Atlilied (Atlakviða)* aus dem 9./10. Jahrhundert als grausamer und raubgieriger Herrscher, während er im etwa gleichzeitig entstandenen *Waltharilied* zwar durchaus als machtbewußter und bedrohlicher Kriegsherr auftritt, zugleich aber auch patriarchalisch-fürsorgliche Züge aufweist. Attila als unwiderstehlicher und mächtiger Völkerhirt, der sowohl Schrecken wie Schutz für die nichthunnischen *gentes* bereithielt, sie gleichzeitig anzog und abstieß – dies mag in der Tat die zwiespältige Erfahrung der völkerwanderungszeitlichen Heerkönige gewesen sein, die dann die mittelalterlichen Dichtungen in altnordischer und mittelhochdeutscher Sprache mitgeprägt hat.

Für die Bischöfe des spätantiken Gallien und die *gentes* der Germanen stellten Attila und die Hunnen letztlich immer eine Gegenwelt dar, eine «hunnische Alternative» zum Bestehenden, die man wählen konnte, manchmal auch wählen mußte, die aber in jedem Fall von außen an die Betroffenen herangetragen wurde. Im Gegensatz dazu haben wir es im Falle der mittelalterlichen Ungarn mit einer bewußten Identifikation dieses im 9. Jahrhundert nach Mitteleuropa eingewanderten Volkes mit den europäischen Hunnen der Spätantike zu tun. In den *Gesta Hungarorum* aus dem 12. Jahrhundert tritt der anonyme Autor dieses Textes unverblümt für eine Abstammung des ungarischen Reichsgründers Árpád von Attila ein. Offensichtlich schien es ihm nur folgerichtig, aus den nicht zu leugnenden Parallelen zwischen Hunnen und Ungarn – Herkunft aus der eurasischen Graslandzone, Prägung durch die reiternomadische Lebensweise, Errichtung eines Herrschaftszentrums an der mittleren Donau – auf eine auch abstammungsmäßige und insofern «historische» Kontinuität zwischen den beiden Königen zu schließen.

Der in den anonymen *Gesta Hungarorum* fixierte Zusammenhang zwischen Hunnen und Magyaren wurde in der nachfolgenden ungarischen Geschichtsschreibung häufig betont, und zwar ungeachtet des schlechten Rufs, den sich erstere als heidnische Mordbrenner in der Literatur der christlichen Spätantike erworben hatten. Viel wichtiger war es Autoren wie dem in den 1280er Jahren schreibenden Simon von Kéza – er war eine Art «Hofhistoriker» des Árpádenkönigs Ladislaus IV. des Kumanen –, daß durch die Ineinssetzung von Hunnen und Ungarn eine Anbindung der magyarischen Geschichte an die des christlichen Abendlandes möglich gemacht wurde und somit überhaupt erst die Voraussetzung dafür geschaffen war, daß die Integration des einstmals aus dem Innern Eurasiens zugewanderten Volkes in seiner neuen politisch-kulturellen Umgebung gelingen konnte. Der Erfolg dieses Bestrebens war nachhaltig: Noch König Matthias Corvinus ließ sich im 15. Jahrhundert von seinen humanistisch geprägten Hofliteraten bereitwillig in eine von Attila aufsteigende Traditionslinie stellen. Als Renaissancemensch hatte er kein Problem mit den überlieferten, «tyrannischen» Charaktereigenschaften des Hunnenkönigs, denen er als charismatischer Machtmensch – als «skythischer Mars» und «zweiter Attila» – nachzueifern bestrebt war.

Im übrigen hat die Gleichsetzung von Hunnen und Ungarn auch die Schwelle zum neuzeitlichen Nationalismus im 19. Jahrhundert mühelos gemeistert; sie ist als Identifikationsangebot also nicht etwa auf die magyarischen Eliten und ihre adeligen Spitzen begrenzt geblieben. So verwundert es auch nicht, daß bis heute Rufnamen wie *Attila* und *Ildikó* in Ungarn durchaus verbreitet sind. Die Tatsache, daß die Hunnen auch den Nationalstaaten der Moderne weiterhin als Projektionsfläche für Identifikation oder Abgrenzung zur Verfügung standen, obwohl doch nunmehr rund 1500 Jahre seit ihrem ersten Auftreten in Europa vergangen waren, ist auf den ersten Blick – auch im Falle Ungarns, wo immerhin eine besondere Tradition seit dem hohen Mittelalter vorhanden war – verwunderlich. Offensichtlich waren die um allen konkreten ereignisgeschichtlichen Ballast bereinigten Assoziationen, die Attila und seine Krieger noch immer auszulösen vermochten, hierfür verantwortlich.

Man kann das nicht nur in der großen Politik, sondern auch in anderen gesellschaftlichen Bereichen, zum Beispiel in der bildenden Kunst, gut erkennen. In der Historienmalerei des späten 19. Jahrhunderts taucht das Motiv des Barbarensturms immer wieder einmal auf. Dabei handelt es sich keineswegs nur um hunnische Scharen, deren Zerstörungswut von den ebenso beliebten wie preisgekrönten Malern der Salons in dieser Zeit illustriert worden ist. Andererseits war ihre Darstellung natürlich besonders sinnfällig und für den Betrachter leicht zu entschlüsseln. Das Gemälde «Los Hunos» des spanischen Malers Ulpiano Checa mag dafür als Beispiel dienen: Checa, der berühmt war für die Meisterschaft, mit der er galoppierende Pferde zu zeichnen vermochte, läßt in seinem 1891 gemalten Bild den Betrachter zunächst zum Zeugen einer ungeheuren Dynamik werden. Die Hunnen werden gezeigt, wie sie das ihnen offenliegende zivilisierte Fruchtland förmlich überrennen. Die Dunkelheit ihrer Gesichtszüge kontrastiert scharf mit der hellen Haut und den blonden Haaren des Mädchens, das im Vordergrund von einem der hunnischen Krieger festgehalten wird – ein erstes, sichtbares Opfer ihres Raubzugs in der Fremde.

Der Einbruch des Barbarischen in die Kulturzone, sein plötzliches, alles umstürzendes, schreckenerregendes und doch faszinierendes Auftreten ist ein Motiv, das in der Malerei und der Literatur vor dem Ersten Weltkrieg gern aufgegriffen und durch-

Das Gemälde «Los Hunos» von Ulpiano Checa, 1891

gespielt worden ist. Es stellte angesichts der Zwänge des ausgehenden bürgerlichen Zeitalters geradezu eine Entlastungsphantasie dar. Die Hunnen und Attila waren geeignete Protagonisten, um den Schrecken des Barbarischen zu visualisieren und gleichzeitig zu bannen. Dies gilt auch noch für die Zeit des Ersten Weltkriegs und die anschließende Epoche. In Fritz Langs zweiteiligem Nibelungenfilm von 1924 verkörperten König Etzel und seine Hunnen perfekt die barbarische Gegenwelt zu den lichtvollen burgundischen Recken. Die zeitgenössische Tagespresse hat daran in der Regel keinen Anstoß genommen. Lediglich der Filmkritiker der *Vossischen Zeitung* echauffierte sich nach der Uraufführung mit drastischen Worten: «Nur einmal haut Lang daneben: das ist bei den Hunnen. König Etzels Herrscherpalast sieht im Film aus wie ein Schweinestall.» (*Vossische Zeitung*, Nr. 204, 30. April 1924)

Ein einzigartiges Kapitel der europäischen Wirkungsgeschichte Attilas und der Hunnen ist sicherlich während des Ersten Weltkriegs geschrieben worden. «Inspiriert» durch den völkerrechtswidrigen Überfall des Reiches auf Belgien am 3. August 1914 und durch Ausschreitungen und Kriegsverbrechen auf deutscher Seite während der ersten Tage der Offensive gegen Frankreich, entwickelte die staatlich gelenkte britische Propaganda in der Folgezeit ein ebenso einfaches wie visuell einpräg-

sames Feindbild des deutschen Kriegsgegners, das in eindrucksvoller Weise die Ängste an der Heimatfront schürte und ihre
Widerstandskraft stärkte – das des «kulturlosen Hunnen» und
«deutschen Barbaren.» Aufs neue sollte sich in diesen Jahren
zeigen, daß die altbekannte Leerformel «Hunnen» dazu geeignet war, den ihr zugemessenen Zweck zu erfüllen, wenn man sie
nur mit aktuellen oder auch atavistischen, in jedem Fall aber die
Emotionen ansprechenden Inhalten versah. So erschien denn
der deutsche Soldat des Ersten Weltkriegs in den Plakaten der
Alliierten fortan unter anderem als affenartige Kreatur, Frau-
enschänder oder Kindermörder. Die Botschaft war klar: Ein
Durchbruch der Deutschen an der Front würde unweigerlich
die größte nationale Katastrophe mit unabsehbaren humanitä-
ren Folgen nach sich ziehen. «Beat back the Hun» – so der Titel
des berühmten Plakats von Frederick Strothmann aus dem Jahre
1918 – das war die einzig mögliche Devise, nach der es entschlossen zu handeln galt.

Das Stereotyp vom Deutschen als «Hunnen» war überaus
eingängig und hat sich tief in das Bewußtsein der kriegführen-

Rudolf Klein-Rogge als Etzel in Fritz Langs Film «Die Nibelungen», 1924

Das Propagandaplakat «Beat back the
Hun» von Frederick Strothmann, 1918

den Völker eingeprägt. Auch andere Nationen als die Briten,
etwa die Franzosen, arbeiteten mit ihm – wir haben zu Beginn
dieses Buches ein Beispiel dafür angeführt. Die Gleichsetzung
hatte auch, bei aller Absurdität, die ihr innewohnt, Vorbilder in
der Vergangenheit, war also nicht völlig aus der Luft gegriffen.
Hatte nicht schon Giuseppe Verdi zur Zeit des Risorgimento in
seiner Oper «Attila» den Titelhelden Ezio eine Arie schmettern
lassen, durch die er die – in diesem Falle mit den Österreichern
gleichzusetzenden – «Hunnen» herausforderte? Und hatte nicht
der deutsche Kaiser Wilhelm II. höchstpersönlich in seiner be-
rühmt-berüchtigten Bremerhavener «Hunnenrede» vom 27. Juli
1900 einer Gleichsetzung seiner Soldaten mit den Kriegern Attilas das Wort geredet? So war es eine erfolgreiche Idee, die die
britische Propagandaabteilung zu Kriegsbeginn 1914 hatte. In
ihrer Umsetzung zeigte sich, wie wirkungsmächtig die Geschichte der Hunnen und ihres berühmtesten Königs Attila selbst noch
im 20. Jahrhundert sein konnte.

Nachwort: Was bleibt?

In seinen *Vorlesungen über die Philosophie der Geschichte* hat Georg Wilhelm Friedrich Hegel die Hunnen als ein zwar eindrucksvolles, durchaus auch wirkungsmächtiges, aber im letzten doch ephemeres historisches Phänomen gedeutet. Sie schienen ihm «eine der rein orientalischen Erscheinungen» zu sein, «die wie ein bloßer Gewitterstrom anschwellen, alles niederreißen, aber auch nach weniger Zeit so verflossen sind, daß man nur ihre Spuren in den Ruinen, die sie zurücklassen, nicht aber sie selbst mehr sieht.»

Rein ereignisgeschichtlich betrachtet, hatte Hegel zweifellos recht. Mit dem Scheitern und Sterben Dintzics im Jahre 469 n. Chr. erlosch die Attilasippe; eine Erneuerung hunnischer Macht nördlich der oströmischen Donaugrenze hat es danach nicht mehr gegeben. Auch Ernac, der andere Sohn Attilas, von dem wir zu dieser Zeit noch hören, verschwindet aus der Geschichte der Spätantike, ohne daß wir Näheres über sein weiteres Schicksal erfahren würden. Zwar ist es keinesfalls so, daß das Etikett «Hunnen» in den folgenden Jahrzehnten außer Gebrauch gekommen wäre. Utiguren, Kutriguren, Saraguren und viele andere reiternomadisch lebende Völker des nördlichen Schwarzmeerraums, von denen wir im Laufe des 5. und 6. Jahrhunderts n. Chr. erfahren, werden in unseren Quellen zuweilen als «Hunnen» oder «hunnisch» bezeichnet. Im Falle der Awaren werden wir sogar mit dem Hunnennamen an sich konfrontiert, denn laut Menander Protektor soll deren ursprünglicher Name *Ouarchonítai* gewesen sein (Men. Prot. frg. 19,1 Blockley, 50–74; vgl. Theophylakt Simokates 7,8,3–6).

Im Grunde fügt sich unser Befund bestens in reiternomadische Kontexte ein, wie wir sie bereits an der Peripherie der chinesischen und zentralasiatischen Kulturzone kennengelernt haben. Die Machtbildung der europäischen Hunnen war nach dem Tode Attilas 453 n. Chr. zerfallen und konnte trotz allen Bemühens in den Folgejahren nicht mehr erneuert werden. Natürlich bedeutet das nicht, daß sämtliche hunnischen Krieger – besser: diejenigen, die die «hunnische Alternative» auch weiterhin als die ihnen gemäße Lebensform betrachteten – in diesen Jahren vom Erdboden gleichsam verschwunden wären und sich in die weiten Steppen Eurasiens zurückgezogen hätten. Sie blieben vielmehr vor Ort an der mittleren und unteren Donau sowie im nördlichen Schwarzmeerraum; hier schlossen sie sich bei Gelegenheit neuen, schlagkräftigen reiternomadischen Einheiten an, deren militärischer und diplomatischer Erfolg ihnen Prestigegüter und Beute versprach. Im 6. Jahrhundert n. Chr. waren es vor allem die Awaren und die Bulgaren, die den Nachkommen der Attilahunnen eine solchermaßen begründete, neue Identität anzubieten vermochten. Unter ihrem Namen dürften die meisten von ihnen fortan gegen den oströmischen Kaiser in die Schlacht geritten sein; der Kreislauf der Gewalt zwischen Kulturzone und Grasland konnte sich aufs neue, unter veränderten und doch ähnlichen Bedingungen wie früher vollziehen.

Der «endemische Konflikt» zwischen den Seßhaften und den Nichtseßhaften ist dafür verantwortlich, daß die Szenarien in Nordchina, in Zentralasien und an der mittleren und unteren Donau, die in diesem Buch nachgezeichnet worden sind, einander in wesentlichen Punkten gleichen – trotz zweifellos unterschiedlicher Voraussetzungen vor Ort und ungeachtet der zeitlichen Distanz, die sich etwa von Maodun bis Attila erstreckt. Es ging letztendlich um einen Ausgleich zwischen den Bedürfnissen von zwei einander gegenüberstehenden, sehr unterschiedlichen Lebensformen. Grundsätzlich kann man sagen, daß nichtseßhafte Gemeinschaften aus der Graslandzone desto mehr Erfolg hatten, je mehr sie zu einer Anpassung an die Gegebenheiten der agrarischen Kulturzone befähigt und bereit waren. Die Südlichen Xiongnu um die Mitte des 1. Jahrhunderts v. Chr. sind hierfür ein ebenso gutes Beispiel wie die Hephthaliten am Ende des 5. Jahrhunderts n. Chr. Ihre Integration in die hochdifferenzierten Stadtkulturen Chinas bzw. Zentralasiens hatte freilich zur Folge, daß der spezifisch reiternomadische Charakter, der die Kulturen auch dieser Völker einst ausgezeichnet hatte, mit der Zeit verlorenging. Sie partizipierten somit nicht nur – wie ursprünglich beabsichtigt – an den Reichtümern der Gesellschaften, denen sie sich anverwandelt hatten, sondern wurden auch ihren inneren Widersprüchen ausgesetzt und in ihre Konflikte hineingezogen.

Reiternomadische Gemeinschaften, die diesen Weg nicht konsequent gehen wollten, wie zum Beispiel die *Hūṇās* in Nordwestindien und die Attilahunnen in Europa, waren und blieben der Schrecken der Staaten, an deren Grenzen sie sich festgesetzt hatten. Durch ein virtuos gehandhabtes Wechselspiel von Kriegen, Kriegsdrohungen, Verhandlungen und Verträgen vermochten sie phasenweise großen Druck auf ihre Kontrahenten in der Kulturzone auszuüben. Einzelnen Anführern wie Mihirakula und Attila gelang es aufgrund ihrer außergewöhnlichen militärischen Erfolge, riesige Kriegergemeinschaften hinter sich zu versammeln; sie waren zu weitausgreifenden Feldzügen in der Lage und vermochten für eine gewisse Zeit die Stabilität etwa des indischen Gupta-Reiches oder des spätrömischen Reiches mehr als nur punktuell zu erschüttern.

Dennoch können auch solche eindrucksvollen Herrschaftsbildungen nicht darüber hinwegtäuschen, daß sich die agrarische Kulturzone mit ihren materiellen und ideellen Errungenschaften den Reiternomaden gegenüber in einer Position fortdauernder struktureller Überlegenheit befand. Mit Recht hat Otto J. Maenchen-Helfen einmal darauf hingewiesen, daß Attila selbst auf dem Zenit seines Erfolges 447 n. Chr. der oströmischen Administration nur einhundert Pfund Gold mehr wert war als der heute relativ wenig bekannte gotische Heerkönig Theoderich Strabo gut fünfundzwanzig Jahre später. Auf eine gewisse Weise war der kriegerischen Dynamik der Hunnen und anderer reiternomadischer Völker eine inhärente Grenze gesetzt; sie konnte nur dann in die Fähigkeit, ein dauerhaftes Reich zu bilden, transformiert werden, wenn es entweder gelang, den Staat der Kulturzone, dem man gegenüberlag, vollständig zu vereinnahmen oder wenn ein Prozeß in Gang gesetzt wurde, der – im Sinne der Südlichen Xiongnu und der Hephthaliten – die langfristige Anpassung an den vorgefundenen Rahmen zur Folge hatte. Für den erstgenannten «Lösungsweg» war auch ein so mächtiger König wie Attila zu allen Zeiten seiner Herrschaft zu schwach; den zweiten aber ist er, auch wenn es in den 440er Jahren n. Chr. gewisse Ansätze dazu gegeben haben mag, jedenfalls nicht mit aller Entschlossenheit zu Ende gegangen. Vielleicht strebte Attila dies an, und es fehlte ihm einfach an Lebenszeit zur Umsetzung seiner Absicht, doch darüber zu spekulieren ist müßig. Karl Bierbach hat es bereits im Jahre 1906 ebenso schlicht wie zutreffend formuliert: «Für die Frage nach der Bedeutung Attilas ist es gleichgültig, was er wollte.»

Was die Hunnengeschichte verbindet, was sie als Einheit erscheinen läßt, so daß ein Buch wie das vorliegende seine Rechtfertigung erlangt, ist die Wirkungsgeschichte des Hunnennamens. Der mittelalterliche Dichter Bernardus Morlanensis (und nach ihm Umberto Eco) hat an der geheimnisvollen Kraft der Namen offenbar gezweifelt, als er seine Verse im 12. Jahrhundert schrieb: *Nomina nuda tenemus*, klagte er. «Uns bleiben nur nackte Namen.» Auch wenn gerade Historiker dieser Klage nur allzuoft beipflichten müssen, so ist die Geschichte der Hunnen doch gerade ein Zeugnis dafür, wieviel Kraft einem einzelnen Namen innewohnen kann, wieviel Wirkung er zu entfalten vermag.

Weiterführende Literaturhinweise

Hinsichtlich der antiken Schriftquellen beschränke ich mich im folgenden auf Angaben zu den für die hunnische Geschichte zentralen Autoren (z. B. Ammian, Priskos, Jordanes) und auf solche zu Texten, die verhältnismäßig entlegen und deshalb eher schwer aufzufinden sind. Wörtliche Zitate auf deutsch sind in der Regel den angeführten Ausgaben entnommen, doch habe ich, wo es erforderlich schien, eigene Übersetzungen erstellt oder vorhandene bearbeitet.

Meine Angaben zur Sekundärliteratur erheben selbstverständlich keinen Anspruch auf Vollständigkeit. Sie sollen lediglich die Vielfalt der Ergebnisse erschließen helfen, welche die verschiedenen wissenschaftlichen Disziplinen, die an der Erforschung der Hunnen beteiligt sind, in den letzten Jahrzehnten zutage gefördert haben.

Wichtige antike Schriftquellen zur Geschichte der Hunnen

Stevenson, E. L.: Geography of Claudius Ptolemy, New York 1932 (Nachdruck New York 1991).

Henning, W. B.: The Date of the Sogdian Ancient Letters, Bulletin of the School of Oriental and African Studies 12, 1948, 601–615.

Ammianus Marcellinus: Römische Geschichte. Lateinisch und deutsch und mit einem Kommentar versehen von W. Seyfarth, 4 Teile, Darmstadt 1978.

Travels of Fah-Hian and Sung-Yun, Buddhist pilgrims, from China to India (400 A. D. and 518 A. D.), translated from the Chinese by S. Beal, London 1869 (Nachdruck New Delhi 1996).

Sidonius: Poems and Letters. With an English Translation by W. B. Anderson, 2 Bde., London/Cambridge, Mass. 1963/65.

Doblhofer, E. (Hrsg.): Byzantinische Diplomaten und östliche Barbaren. Aus den Excerpta de legationibus des Konstantinos Porphyrogennetos ausgewählte Abschnitte des Priskos und Menander Protektor, Graz u. a. ²1955.

Blockley, R. C. (Hrsg.): The fragmentary classicising historians of the later Roman Empire. Eunapius, Olympiodorus, Priscus and Malchus, 2 Bde., Liverpool 1981/83.

Prokop: Perserkriege. Griechisch-deutsch herausgegeben von O. Veh, München 1970.

Moss, C.: Isaac of Antioch. Homily on the Royal City, Zeitschrift für Semitistik und verwandte Gebiete 7, 1929, 295–306 u. 8, 1930, 61–72.

Heine, A. (Hrsg.): Jordanis Gotengeschichte nebst Auszügen aus seiner Römischen Geschichte, übersetzt von W. Martens, Essen/Stuttgart 1985.

Wichtige Forschungsliteratur zur Geschichte der Hunnen

Beiträge zu den reiternomadischen Kulturen im allgemeinen

Kürsat-Ahlers, E.: Zur frühen Staatenbildung von Steppenvölkern. Über die Sozio- und Psychogenese der eurasischen Nomadenreiche am Beispiel der Hsiung-Nu und Göktürken mit einem Exkurs über die Skythen, Berlin 1994.

Di Cosmo, N.: Ancient China and Its Enemies. The Rise of Nomadic Power in East Asian History, Cambridge u. a. 2002.

Sinor, D. (Hrsg.): The Cambridge History of Early Inner Asia, Cambridge u. a. 1990.

Beiträge zur Geschichte der Hunnen in Zentralasien und Nordwestindien

Alram, M.: Alchon und Nēzak. Zur Geschichte der iranischen Hunnen in Mittelasien, in: La Persia e l'Asia centrale. Da Alessandro al X secolo, Rom 1996, 517–554.

Altheim, F.: Geschichte der Hunnen, 5 Bde., Berlin 1959/62.

Doerfer, G.: Zur Sprache der Hunnen, Central Asiatic Journal 17, 1973, 1–50.

Göbl, R.: Dokumente zur Geschichte der iranischen Hunnen in Baktrien und Indien, 4 Bde., Wiesbaden 1967.

Grenet, F.: Regional interaction in Central Asia and Northwest India in the Kidarite and Hephthalite periods, in: N. Sims-Williams (Hrsg.), Indo-Iranian languages and peoples, Oxford u. a. 2002, 203–224.

Beiträge zur Geschichte der Hunnen in Europa

Attila und die Hunnen, herausgegeben vom Historischen Museum der Pfalz Speyer, Stuttgart 2007.

Bierbach, K.: Die letzten Jahre Attilas, Berlin 1906.

Heather, P.: The Huns and the End of the Roman Empire in Western Europe, English Historical Review 110, 1995, 4–41.

Maenchen-Helfen, O. J.: Die Welt der Hunnen. Eine Analyse ihrer historischen Dimension, Wien u. a. 1978.

Pohl, W.: Die Gepiden und die Gentes an der mittleren Donau nach dem Zerfall des Attilareiches, in: F. Daim u. H. Wolfram (Hrsgg.), Die Völker an der mittleren und unteren Donau im fünften und sechsten Jahrhundert, Wien 1980, 239–305.

Pohl, W.: Die Völkerwanderung. Eroberung und Integration, Stuttgart [2]2005.

Richter, W.: Die Darstellung der Hunnen bei Ammianus Marcellinus (31,2, 1–11), Historia 23, 1974, 343–377.

Stickler, T.: Aëtius und die Hunnen, in: ders., Aëtius. Gestaltungsspielräume eines Heermeisters im ausgehenden Weströmischen Reich, München 2002, 85–154.

Thompson, E. A.: The Huns. Revised and with an afterword by P. Heather, Oxford u. a. 1996.

Wenskus, R.: Stammesbildung und Verfassung. Das Werden der frühmittelalterlichen Gentes, Köln/Graz 1961.

Wirth, G.: Attila. Das Hunnenreich und Europa, Stuttgart 1999.

Wolfram, H.: Das Reich und die Germanen. Zwischen Antike und Mittelalter, Berlin 1990.

Beiträge zur Archäologie der europäischen Hunnen

Anke, B.: Studien zur reiternomadischen Kultur des 4. bis 5. Jahrhunderts, 2 Teile, Weißbach 1998.

Bóna, I.: Das Hunnenreich, Stuttgart 1991.

Werner, J.: Beiträge zur Archäologie des Attila-Reiches, München 1956.

Beiträge zur Wirkungsgeschichte Attilas
und der europäischen Hunnen

Bäuml, F. H., u. Birnbaum, M. D. (Hrsgg.): Attila. The Man and his Image, Budapest 1993.

Blason Scarel, S. (Hrsg.): Attila e gli Unni. Mostra itinerante, Rom 1995.

Dank

Nach Fertigstellung des Buches danke ich herzlich Frau Lina Unterbörsch, die mir insbesondere bei der Beschaffung der zum Teil entlegenen Literatur und bei der Erstellung der Karten eine große Hilfe war.

Nachweis der Abbildungen und Karten

Vordere und hintere Umschlaginnenseite: Peter Palm, Berlin

S. 10: Aus: S. Blason Scarel (Hrsg.): Attila e gli Unni, Rom 1996, S. 18 (nach István Bóna, Das Hunnenreich, Stuttgart 1991, S. 10, Abb. 1: Zeichnung: János Balatoni)

S. 12: Ungarisches Nationalmuseum, Inv.-Nr. 22/1869.1, Photo: András Dabasi

S. 30a: British Museum, London, aus: W. Seipel u. M. Alram (Hrsgg.): Weihrauch und Seide. Ausstellung Kunsthistorisches Museum Wien 1996, Mailand 1996, S. 138, Abb. 129

S. 30b: Privatsammlung, Wien, aus: W. Seipel u. M. Alram (Hrsgg.): Weihrauch und Seide. Ausstellung Kunsthistorisches Museum Wien 1996, Mailand 1996, S. 139, Abb. 131

S. 61: Musée du Berry, Bourges, aus: P. MacGeorge, Late Roman Warlords, Oxford u. a. 2002, S. 11, Taf. 2

S. 72: Peter Palm, Berlin

S. 81: Zeichnungen: János Balatoni, aus: István Bóna, Das Hunnenreich, Stuttgart 1991, S. 115, Abb. 44

S. 97: Bibliothèque Nationale, Cabinet des Médailles, Photo: Bibl. Nat. Paris

S. 98: St. Peter, Vatikan, Photo: Alinari/The Bridgeman Art Library/Giraudon

S. 101: Preußische Staatsbibliothek, Berlin, MS germ. 12f, fol. 53r, Photo: Bildarchiv Preußischer Kulturbesitz/SBB

S. 112: Museo municipal Ulpiano Checa, Photo: akg-images

S. 113: Decla-Bioscop/The Kobal Collection

S. 114: Royal Alberta Museum, Edmonton, Kanada

Register
der Namen und geographischen Bezeichnungen